www.pinhok.com

Introduction

This Book

This vocabulary book contains more than 3000 words and phrases and is organized by topic to make it easier for you to pick what to learn first. On top of that, the second half of the book contains two index sections that can be used as basic dictionaries to look up words in either of the two languages. This book is well suited for learners of all levels who are looking for an extensive resource to improve their vocabulary or are interested in learning vocabularies in one particular area of interest.

How to use this book

Not sure where to start? We suggest you first work your way through the verbs, adjectives and phrases chapters in part one of the book. This will give you a great base for further studying and already enough vocabulary for basic communication. The dictionaries in part two and three can be used whenever needed to look up words you hear on the street, English words you want to know the translation for or simply to learn some new words.

Some final thoughts

Vocabulary books have been around for centuries and as with so many things that have been around for some time, they are not very fashionable and a bit boring, but they usually work very well. Together with the basic dictionary parts, this vocabulary book is a great resource to support you throughout the process of learning and comes in particularly handy at times when there is no internet to look up words and phrases.

Pinhok Languages

Pinhok Languages strives to create language learning products that support learners around the world in their mission of learning a new language. In doing so, we combine best practice from various fields and industries to come up with innovative products and material.

The Pinhok Team hopes this book can help you with your learning process and gets you to your goal faster. Should you be interested in finding out more about us, please go to our website www.pinhok.com. For feedback, error reports, criticism or simply a quick "hi", please also go to our website and use the contact form.

Disclaimer of Liability

Table of Contents

Topics

Index

Animals

Mammals

dog	(en) **hund** (hunde)
cat	(en) **kat** (katte)
rabbit	(en) **kanin** (kaniner)
cow	(en) **ko** (køer)
sheep	(et) **får** (får)
pig	(en) **gris** (grise)
horse	(en) **hest** (heste)
monkey	(en) **abe** (aber)
bear	(en) **bjørn** (bjørne)
lion	(en) **løve** (løver)
tiger	(en) **tiger** (tigre)
panda	(en) **panda** (pandaer)
giraffe	(en) **giraf** (giraffer)
camel	(en) **kamel** (kameler)
elephant	(en) **elefant** (elefanter)
wolf	(en) **ulv** (ulve)
rat	(en) **rotte** (rotter)
mouse (animal)	(en) **mus** (mus)
zebra	(en) **zebra** (zebraer)
hippo	(en) **flodhest** (flodheste)
polar bear	(en) **isbjørn** (isbjørne)
rhino	(et) **næsehorn** (næsehorn)
kangaroo	(en) **kænguru** (kænguruer)
leopard	(en) **leopard** (leoparder)
cheetah	(en) **gepard** (geparder)
donkey	(et) **æsel** (æsler)
ant-eater	(en) **myresluger** (myreslugere)

buffalo	(en) bøffel (bøfler)
deer	(en) hjort (hjorte)
squirrel	(et) egern (egern)
elk	(en) elg (elge)
piglet	(en) lille gris (små grise)
bat	(en) flagermus (flagermus)
fox	(en) ræv (ræve)
hamster	(en) hamster (hamstere)
guinea pig	(et) marsvin (marsvin)
koala	(en) koala (koalaer)
lemur	(en) lemur (lemurer)
meerkat	(en) surikat (surikater)
raccoon	(en) vaskebjørn (vaskebjørne)
tapir	(en) tapir (tapirer)
bison	(en) bison (bisoner)
goat	(en) ged (geder)
llama	(en) lama (lamaer)
red panda	(en) rød panda (røde pandaer)
bull	(en) tyr (tyre)
hedgehog	(et) pindsvin (pindsvin)
otter	(en) odder (oddere)

Birds

pigeon	(en) due (duer)
duck	(en) and (ænder)
seagull	(en) måge (måger)
chicken (animal)	(en) kylling (kyllinger)
cockerel	(en) hane (haner)
goose	(en) gås (gæs)
owl	(en) ugle (ugler)
swan	(en) svane (svaner)

penguin	(en) pingvin (pingviner)
crow	(en) krage (krager)
turkey	(en) kalkun (kalkuner)
ostrich	(en) struds (strudse)
stork	(en) stork (storke)
chick	(en) kylling (kyllinger)
eagle	(en) ørn (ørne)
raven	(en) ravn (ravne)
peacock	(en) påfugl (påfugle)
pelican	(en) pelikan (pelikaner)
parrot	(en) papegøje (papegøjer)
magpie	(en) husskade (husskader)
flamingo	(en) flamingo (flamingoer)
falcon	(en) falk (falke)

Insects

fly	(en) flue (fluer)
butterfly	(en) sommerfugl (sommerfugle)
bug	(en) bille (biller)
bee	(en) bi (bier)
mosquito	(en) myg (myg)
ant	(en) myre (myrer)
dragonfly	(en) guldsmed (guldsmede)
grasshopper	(en) græshoppe (græshopper)
caterpillar	(en) larve (larver)
wasp	(en) hveps (hvepse)
moth	(et) møl (møl)
bumblebee	(en) humlebi (humlebier)
termite	(en) termit (termitter)
cricket	(en) fårekylling (fårekyllinger)
ladybird	(en) mariehøne (mariehøns)

praying mantis	(en) **knæler** (knælere)

Marine Animals

fish (animal)	(en) **fisk** (fisk)
whale	(en) **hval** (hvaler)
shark	(en) **haj** (hajer)
dolphin	(en) **delfin** (delfiner)
seal	(en) **sæl** (sæler)
jellyfish	(en) **vandmand** (vandmænd)
squid	(en) **blæksprutte** (blæksprutter)
octopus	(en) **blæksprutte** (blæksprutter)
turtle	(en) **skildpadde** (skildpadder)
sea horse	(en) **søhest** (søheste)
sea lion	(en) **søløve** (søløver)
walrus	(en) **hvalros** (hvalrosser)
shell	(en) **konkylie** (konkylier)
starfish	(en) **søstjerne** (søstjerner)
killer whale	(en) **spækhugger** (spækhuggere)
crab	(en) **krabbe** (krabber)
lobster	(en) **hummer** (hummere)

Reptiles & More

snail	(en) **snegl** (snegle)
spider	(en) **edderkop** (edderkopper)
frog	(en) **frø** (frøer)
snake	(en) **slange** (slanger)
crocodile	(en) **krokodille** (krokodiller)
tortoise	(en) **skildpadde** (skildpadder)
scorpion	(en) **skorpion** (skorpioner)
lizard	(en) **øgle** (øgler)

chameleon	(en) kamæleon (kamæleoner)
tarantula	(en) tarantel (taranteller)
gecko	(en) gekko (gekkoer)
dinosaur	(en) dinosaurus (dinosaurer)

Sport

Summer

tennis	tennis
badminton	badminton
boxing	boksning
golf	golf
running	løb
cycling	cykling
gymnastics	gymnastik
table tennis	bordtennis
weightlifting	vægtløftning
long jump	længdespring
triple jump	trespring
modern pentathlon	moderne femkamp
rhythmic gymnastics	rytmisk gymnastik
hurdles	hækkeløb
marathon	maratonløb
pole vault	stangspring
high jump	højdespring
shot put	kuglestød
javelin throw	spydkast
discus throw	diskoskast
karate	karate
triathlon	triatlon
taekwondo	taekwondo
sprint	sprint
show jumping	ridebanespringning
shooting	skydning
wrestling	brydning
mountain biking	mountainbike
judo	judo

hammer throw	hammerkast
fencing	fægtning
archery	bueskydning
track cycling	banecykling

Winter

skiing	skiløb
snowboarding	snowboarding
ice skating	skøjteløb
ice hockey	ishockey
figure skating	kunstskøjteløb
curling	curling
Nordic combined	nordisk kombineret
biathlon	skiskydning
luge	kælkning
bobsleigh	bobslæde
short track	kortbaneløb på skøjter
skeleton	skeleton
ski jumping	skihop
cross-country skiing	langrend
ice climbing	isklatring
freestyle skiing	freestyle skiløb
speed skating	hurtigløb på skøjter

Team

football	fodbold
basketball	basketball
volleyball	volleyball
cricket	cricket
baseball	baseball
rugby	rugby
handball	håndbold

polo	polo
lacrosse	lacrosse
field hockey	hockey
beach volleyball	beach volleyball
Australian football	australsk fodbold
American football	amerikansk fodbold

Water

swimming	svømning
water polo	vandpolo
diving (into the water)	udspring
surfing	surfing
rowing	roning
synchronized swimming	synkronsvømning
diving (under the water)	dykning
windsurfing	windsurfing
sailing	sejlads
waterskiing	vandski
rafting	rafting
cliff diving	klippespring
canoeing	kanosejlads

Motor

car racing	bilræs
rally racing	rally
motorcycle racing	motorcykelræs
motocross	motocross
Formula 1	Formel 1
kart	gokart
jet ski	jetski

Other

hiking	vandreture
mountaineering	bjergbestigning
snooker	snooker
parachuting	faldskærmsudspring
poker	poker
dancing	dans
bowling	bowling
skateboarding	skateboarding
chess	skak
bodybuilding	bodybuilding
yoga	yoga
ballet	ballet
bungee jumping	elastikspring
climbing	klatring
roller skating	rulleskøjteløb
breakdance	breakdance
billiards	billard

Gym

warm-up	opvarmning
stretching	udstrækning
sit-ups	mavebøjninger
push-up	armbøjninger
squat	squat
treadmill	(et) løbebånd (løbebånd)
bench press	bænkpres
exercise bike	(en) motionscykel (motionscykler)
cross trainer	(en) crosstrainer (crosstrainere)
circuit training	kredsløbstræning
Pilates	pilates
leg press	benpres

aerobics	aerobic
dumbbell	(en) håndvægt (håndvægte)
barbell	(en) vægtstang (vægtstænger)
sauna	(en) sauna (saunaer)

Geography

Europe

United Kingdom	Storbritannien
Spain	Spanien
Italy	Italien
France	Frankrig
Germany	Tyskland
Switzerland	Schweiz
Albania	Albanien
Andorra	Andorra
Austria	Østrig
Belgium	Belgien
Bosnia	Bosnien
Bulgaria	Bulgarien
Denmark	Danmark
Estonia	Estland
Faroe Islands	Færøerne
Finland	Finland
Gibraltar	Gibraltar
Greece	Grækenland
Ireland	Irland
Iceland	Island
Kosovo	Kosovo
Croatia	Kroatien
Latvia	Letland
Liechtenstein	Liechtenstein
Lithuania	Litauen
Luxembourg	Luxembourg
Malta	Malta
Macedonia	Makedonien
Moldova	Moldova

Monaco	Monaco
Montenegro	Montenegro
Netherlands	Holland
Norway	Norge
Poland	Polen
Portugal	Portugal
Romania	Rumænien
San Marino	San Marino
Sweden	Sverige
Serbia	Serbien
Slovakia	Slovakiet
Slovenia	Slovenien
Czech Republic	Tjekkiet
Turkey	Tyrkiet
Ukraine	Ukraine
Hungary	Ungarn
Vatican City	Vatikanstaten
Belarus	Hviderusland
Cyprus	Cypern

Asia

China	Kina
Russia	Rusland
India	Indien
Singapore	Singapore
Japan	Japan
South Korea	Sydkorea
Afghanistan	Afghanistan
Armenia	Armenien
Azerbaijan	Aserbajdsjan
Bahrain	Bahrain
Bangladesh	Bangladesh

Bhutan	Bhutan
Brunei	Brunei
Georgia	Georgien
Hong Kong	Hong Kong
Indonesia	Indonesien
Iraq	Irak
Iran	Iran
Israel	Israel
Yemen	Yemen
Jordan	Jordan
Cambodia	Cambodja
Kazakhstan	Kasakhstan
Qatar	Qatar
Kyrgyzstan	Kirgisistan
Kuwait	Kuwait
Laos	Laos
Lebanon	Libanon
Macao	Macao
Malaysia	Malaysia
Maldives	Maldiverne
Mongolia	Mongoliet
Burma	Burma
Nepal	Nepal
North Korea	Nordkorea
Oman	Oman
East Timor	Østtimor
Pakistan	Pakistan
Palestine	Palæstina
Philippines	Filippinerne
Saudi Arabia	Saudi Arabien
Sri Lanka	Sri Lanka
Syria	Syrien
Tajikistan	Tadsjikistan

Taiwan	Taiwan
Thailand	Thailand
Turkmenistan	Turkmenistan
Uzbekistan	Usbekistan
United Arab Emirates	Forenede Arabiske Emirater
Vietnam	Vietnam

America

The United States of America	Amerikas Forenede Stater
Mexico	Mexico
Canada	Canada
Brazil	Brasilien
Argentina	Argentina
Chile	Chile
Antigua and Barbuda	Antigua og Barbuda
Aruba	Aruba
The Bahamas	Bahamas
Barbados	Barbados
Belize	Belize
Bolivia	Bolivia
Cayman Islands	Caymanøerne
Costa Rica	Costa Rica
Dominica	Dominica
Dominican Republic	Dominikanske Republik
Ecuador	Ecuador
El Salvador	El Salvador
Falkland Islands	Falklandsøerne
Grenada	Grenada
Greenland	Grønland
Guatemala	Guatemala
Guyana	Guyana
Haiti	Haiti

Honduras	Honduras
Jamaica	Jamaica
Colombia	Colombia
Cuba	Cuba
Montserrat	Montserrat
Nicaragua	Nicaragua
Panama	Panama
Paraguay	Paraguay
Peru	Peru
Puerto Rico	Puerto Rico
Saint Kitts and Nevis	Saint Kitts og Nevis
Saint Lucia	Saint Lucia
Saint Vincent and the Grenadines	Saint Vincent og Grenadinerne
Suriname	Surinam
Trinidad and Tobago	Trinidad og Tobago
Uruguay	Uruguay
Venezuela	Venezuela

Africa

South Africa	Sydafrika
Nigeria	Nigeria
Morocco	Marokko
Libya	Libyen
Kenya	Kenya
Algeria	Algeriet
Egypt	Egypten
Ethiopia	Etiopien
Angola	Angola
Benin	Benin
Botswana	Botswana
Burkina Faso	Burkina Faso
Burundi	Burundi

Democratic Republic of the Congo	Den Demokratiske Republik Congo
Djibouti	Djibouti
Equatorial Guinea	Ækvatorialguinea
Ivory Coast	Elfenbenskysten
Eritrea	Eritrea
Gabon	Gabon
The Gambia	Gambia
Ghana	Ghana
Guinea	Guinea
Guinea-Bissau	Guinea-Bissau
Cameroon	Cameroun
Cape Verde	Kap Verde
Comoros	Comorerne
Lesotho	Lesotho
Liberia	Liberia
Madagascar	Madagaskar
Malawi	Malawi
Mali	Mali
Mauritania	Mauretanien
Mauritius	Mauritius
Mozambique	Mozambique
Namibia	Namibia
Niger	Niger
Republic of the Congo	Republikken Congo
Rwanda	Rwanda
Zambia	Zambia
São Tomé and Príncipe	Sao Tome og Principe
Senegal	Senegal
Seychelles	Seychellerne
Sierra Leone	Sierra Leone
Zimbabwe	Zimbabwe
Somalia	Somalia
Sudan	Sudan

South Sudan	Sydsudan
Swaziland	Swaziland
Tanzania	Tanzania
Togo	Togo
Chad	Tchad
Tunisia	Tunesien
Uganda	Uganda
Central African Republic	Centralafrikanske Republik

Oceania

Australia	Australien
New Zealand	New Zealand
Fiji	Fiji
American Samoa	Amerikansk Samoa
Cook Islands	Cookøerne
French Polynesia	Fransk Polynesien
Kiribati	Kiribati
Marshall Islands	Marshalløerne
Micronesia	Mikronesien
Nauru	Nauru
New Caledonia	Ny Kaledonien
Niue	Niue
Palau	Palau
Papua New Guinea	Papua Ny Guinea
Solomon Islands	Salomonøerne
Samoa	Samoa
Tonga	Tonga
Tuvalu	Tuvalu
Vanuatu	Vanuatu

Numbers

0-20

0	nul
1	en
2	to
3	tre
4	fire
5	fem
6	seks
7	syv
8	otte
9	ni
10	ti
11	elleve
12	tolv
13	tretten
14	fjorten
15	femten
16	seksten
17	sytten
18	atten
19	nitten
20	tyve

21-100

21	enogtyve
22	toogtyve
26	seksogtyve
30	tredive
31	enogtredive
33	treogtredive

37	syvogtredive
40	fyrre
41	enogfyrre
44	fireogfyrre
48	otteogfyrre
50	halvtreds
51	enoghalvtreds
55	femoghalvtreds
59	nioghalvtreds
60	tres
61	enogtres
62	toogtres
66	seksogtres
70	halvfjerds
71	enoghalvfjerds
73	treoghalvfjerds
77	syvoghalvfjerds
80	firs
81	enogfirs
84	fireogfirs
88	otteogfirs
90	halvfems
91	enoghalvfems
95	femoghalvfems
99	nioghalvfems
100	et hundrede

101-1000

101	et hundrede og en
105	et hundrede og fem
110	et hundrede og ti
151	et hundrede og enoghalvtreds

200	to hundrede
202	to hundrede og to
206	to hundrede og seks
220	to hundrede og tyve
262	to hundrede og toogtres
300	tre hundrede
303	tre hundrede og tre
307	tre hundrede og syv
330	tre hundrede og tredive
373	tre hundrede og treoghalvfjerds
400	fire hundrede
404	fire hundrede og fire
408	fire hundrede og otte
440	fire hundrede og fyrre
484	fire hundrede og fireogfirs
500	fem hundrede
505	fem hundrede og fem
509	fem hundrede og ni
550	fem hundrede og halvtreds
595	fem hundrede og femoghalvfems
600	seks hundrede
601	seks hundrede og en
606	seks hundrede og seks
616	seks hundrede og seksten
660	seks hundrede og tres
700	syv hundrede
702	syv hundrede og to
707	syv hundrede og syv
727	syv hundrede og syvogtyve
770	syv hundrede og halvfjerds
800	otte hundrede
803	otte hundrede og tre
808	otte hundrede og otte

838	otte hundrede og otteogtredive
880	otte hundrede og firs
900	ni hundrede
904	ni hundrede og fire
909	ni hundrede og ni
949	ni hundrede og niogfyrre
990	ni hundrede og halvfems
1000	et tusind

1001-10000

1001	et tusind og en
1012	et tusind og tolv
1234	et tusind to hundrede og fireogtredive
2000	to tusind
2002	to tusind og to
2023	to tusind og treogtyve
2345	to tusind tre hundrede og femogfyrre
3000	tre tusind
3003	tre tusind og tre
3034	tre tusind og fireogtredive
3456	tre tusind fire hundrede og seksoghalvtreds
4000	fire tusind
4004	fire tusind og fire
4045	fire tusind og femogfyrre
4567	fire tusind fem hundrede og syvogtres
5000	fem tusind
5005	fem tusind og fem
5056	fem tusind og seksoghalvtreds
5678	fem tusind seks hundrede og otteoghalvfjerds
6000	seks tusind
6006	seks tusind og seks
6067	seks tusind og syvogtres

6789	seks tusind syv hundrede og niogfirs
7000	syv tusind
7007	syv tusind og syv
7078	syv tusind og otteoghalvfjerds
7890	syv tusind otte hundrede og halvfems
8000	otte tusind
8008	otte tusind og otte
8089	otte tusind og niogfirs
8901	otte tusind ni hundrede og en
9000	ni tusind
9009	ni tusind og ni
9012	ni tusind og tolv
9090	ni tusind og halvfems
10.000	ti tusind

> 10000

10.001	ti tusind og en
20.020	tyve tusind og tyve
30.300	tredive tusind tre hundrede
44.000	fireogfyrre tusind
100.000	et hundrede tusind
500.000	fem hundrede tusind
1.000.000	en million
6.000.000	seks millioner
10.000.000	ti millioner
70.000.000	halvfjerds millioner
100.000.000	hundrede millioner
800.000.000	otte hundrede millioner
1.000.000.000	en milliard
9.000.000.000	ni milliarder
10.000.000.000	ti milliarder
20.000.000.000	tyve milliarder

100.000.000.000	hundrede milliarder
300.000.000.000	tre hundrede milliarder
1.000.000.000.000	en billion

Body

Head

nose	(en) **næse** (næser)
eye	(et) **øje** (øjne)
ear	(et) **øre** (ører)
mouth	(en) **mund** (munde)
tooth	(en) **tand** (tænder)
lip	(en) **læbe** (læber)
hair	(et) **hår** (hår)
beard	(et) **skæg** (skæg)
forehead	(en) **pande** (pander)
eyebrow	(et) **øjenbryn** (øjenbryn)
eyelashes	**øjenvipper**
pupil	(en) **pupil** (pupiller)
cheek	(en) **kind** (kinder)
chin	(en) **hage** (hager)
dimple	(et) **smilehul** (smilehuller)
wrinkle	(en) **rynke** (rynker)
freckles	**fregner**
tongue	(en) **tunge** (tunger)
nostril	(et) **næsebor** (næsebor)
temple	(en) **tinding** (tindinger)

Body Parts

head	(et) **hoved** (hoveder)
arm	(en) **arm** (arme)
hand	(en) **hånd** (hænder)
leg	(et) **ben** (ben)
knee	(et) **knæ** (knæ)

foot	(en) **fod** (fødder)
belly	(en) **mave** (maver)
belly button	(en) **navle** (navler)
bosom	(en) **barm** (barme)
chest	(et) **bryst** (bryster)
elbow	(en) **albue** (albuer)
nipple	(en) **brystvorte** (brystvorter)
shoulder	(en) **skulder** (skuldre)
neck	(en) **hals** (halse)
bottom	(en) **bagdel** (bagdele)
nape	(en) **nakke** (nakker)
back (part of body)	(en) **ryg** (rygge)
waist	(en) **talje** (taljer)

Hand & Foot

finger	(en) **finger** (fingre)
thumb	(en) **tommelfinger** (tommelfingre)
fingernail	(en) **fingernegl** (fingernegle)
toe	(en) **tå** (tæer)
heel	(en) **hæl** (hæle)
palm	(en) **håndflade** (håndflader)
wrist	(et) **håndled** (håndled)
fist	(en) **næve** (næver)
Achilles tendon	(en) **akillessene** (akillessener)
index finger	(en) **pegefinger** (pegefingre)
middle finger	(en) **langefinger** (langefingre)
ring finger	(en) **ringfinger** (ringfingre)
little finger	(en) **lillefinger** (lillefingre)

Bones & More

bone (part of body)	(en) knogle (knogler)
muscle	(en) muskel (muskler)
tendon	(en) sene (sener)
vertebra	(en) ryghvirvel (ryghvirvler)
pelvis	(et) bækken (bækkener)
breastbone	(et) brystben (brystben)
rib	(et) ribben (ribben)
collarbone	(et) kraveben (kraveben)
skeleton	(et) skelet (skeletter)
skull	(et) kranium (kranier)
shoulder blade	(et) skulderblad (skulderblade)
kneecap	(en) knæskal (knæskaller)
cartilage	(en) brusk (bruske)
jawbone	(et) kæbeben (kæbeben)
nasal bone	(et) næseben (næseben)
spine	(en) rygrad (rygrade)
ankle	(en) ankel (ankler)
bone marrow	(en) knoglemarv

Organs

heart	(et) hjerte (hjerter)
lung	(en) lunge (lunger)
liver	(en) lever (levere)
kidney	(en) nyre (nyrer)
vein	(en) vene (vener)
artery	(en) pulsåre (pulsårer)
stomach	(en) mavesæk (mavesække)
intestine	(en) tarm (tarme)
bladder	(en) blære (blærer)

brain	(en) hjerne (hjerner)
anus	(et) anus
appendix	(en) blindtarm (blindtarme)
spleen	(en) milt (milte)
oesophagus	(et) spiserør (spiserør)
nerve	(en) nerve (nerver)
spinal cord	(en) rygmarv
pancreas	(en) bugspytkirtel (bugspytkirtler)
gall bladder	(en) galdeblære (galdeblærer)
colon	(en) tyktarm (tyktarme)
small intestine	(en) tyndtarm (tyndtarme)
windpipe	(et) luftrør (luftrør)
diaphragm	(et) mellemgulv
duodenum	(en) tolvfingertarm (tolvfingertarme)

Reproduction

testicle	(en) testikel (testikler)
penis	(en) penis (penisser)
prostate	(en) prostata (prostataer)
ovary	(en) æggestok (æggestokke)
oviduct	(en) æggeleder (æggeledere)
uterus	(en) livmoder (livmodere)
ovum	(en) ægcelle (ægceller)
sperm	(et) sperma
scrotum	(en) pung (punge)
clitoris	(en) klitoris (klitorisser)
vagina	(en) vagina (vaginaer)

Adjective

Colours

white	hvid (hvidt, hvide)
black	sort (sort, sorte)
grey	grå (gråt, grå)
green	grøn (grønt, grønne)
blue	blå (blåt, blå)
red	rød (rødt, røde)
pink	lyserød (lyserødt, lyserøde)
orange (colour)	orange (orange, orange)
purple	lilla (lilla, lilla)
yellow	gul (gult, gule)
brown	brun (brunt, brune)
beige	beige (beige, beige)

Basics

heavy	tung (tungt, tunge)
light (weight)	let (let, lette)
correct	korrekt (korrekt, korrekte)
difficult	vanskelig (vanskeligt, vanskelige)
easy	let (let, lette)
wrong	forkert (forkert, forkerte)
many	mange
few	få
new	ny (nyt, nye)
old (not new)	gammel (gammelt, gamle)
slow	langsom (langsomt, langsomme)
quick	hurtig (hurtigt, hurtige)
poor	fattig (fattigt, fattige)

rich	rig (rigt, rige)
funny	sjov (sjovt, sjove)
boring	kedelig (kedeligt, kedelige)
fair	retfærdig (retfærdigt, retfærdige)
unfair	uretfærdig (uretfærdigt, uretfærdige)

Feelings

good	god (godt, gode)
bad	dårlig (dårligt, dårlige)
weak	svag (svagt, svage)
happy	lykkelig (lykkeligt, lykkelige)
sad	trist (trist, triste)
strong	stærk (stærkt, stærke)
angry	vred (vredt, vrede)
healthy	sund (sundt, sunde)
sick	syg (sygt, syge)
hungry	sulten (sultent, sultne)
thirsty	tørstig (tørstigt, tørstige)
full (from eating)	mæt (mæt, mætte)
proud	stolt (stolt, stolte)
lonely	ensom (ensomt, ensomme)
tired	træt (træt, trætte)
safe (adjective)	sikker (sikkert, sikre)

Space

short (length)	kort (kort, korte)
long	lang (langt, lange)
round	rund (rundt, runde)
small	lille (lille, små)
big	stor (stort, store)

square (adjective)	firkantet (firkantet, firkantede)
twisting	kurvet
straight (line)	lige
high	høj (højt, høje)
low	lav (lavt, lave)
steep	stejl (stejlt, stejle)
flat	flad (fladt, flade)
shallow	lav (lavt, lave)
deep	dyb (dybt, dybe)
broad	bred (bredt, brede)
narrow	smal (smalt, smalle)
huge	kæmpe (kæmpe, kæmpe)

Place

right	højre
left	venstre
above	over
back (position)	bagved
front	frem
below	under
here	her
there	der
close	nær
far	fjern
inside	inde
outside	ude
beside	ved siden af
north	nord
east	øst
south	syd
west	vest

Things

cheap	billig (billigt, billige)
expensive	dyr (dyrt, dyre)
full (not empty)	fuld (fuldt, fulde)
hard	hård (hårdt, hårde)
soft	blød (blødt, bløde)
empty	tom (tomt, tomme)
light (colour)	lys (lyst, lyse)
dark	mørk (mørkt, mørke)
clean	ren (rent, rene)
dirty	beskidt (beskidt, beskidte)
boiled	kogt (kogt, kogte)
raw	rå (råt, rå)
strange	sær (sært, sære)
sour	sur (surt, sure)
sweet	sød (sødt, søde)
salty	salt (salt, salte)
hot (spicy)	stærk (stærkt, stærke)
juicy	saftig (saftigt, saftige)

People

short (height)	lille (lille, små)
tall	høj (højt, høje)
slim	slank (slankt, slanke)
young	ung (ungt, unge)
old (not young)	gammel (gammelt, gamle)
plump	tyk (tykt, tykke)
skinny	mager (magert, magre)
chubby	buttet (buttet, buttede)
cute	sød (sødt, søde)

clever	klog (klogt, kloge)
evil	ond (ondt, onde)
well-behaved	velopdragen (velopdragent, velopdragne)
cool	cool (cool, cool)
worried	bekymret
surprised	overrasket
sober	ædru (ædru, ædru)
drunk	fuld (fuldt, fulde)
blind	blind (blindt, blinde)
mute	stum (stumt, stumme)
deaf	døv (døvt, døve)
guilty	skyldig (skyldigt, skyldige)
friendly	venlig (venligt, venlige)
busy	travl (travlt, travle)
bloody	blodig (blodigt, blodige)
pale	bleg (blegt, blege)
strict	streng (strengt, strenge)
holy	hellig (helligt, hellige)
beautiful	smuk (smukt, smukke)
silly	fjollet (fjollet, fjollede)
crazy	skør (skørt, skøre)
ugly	grim (grimt, grimme)
handsome	flot (flot, flotte)
greedy	grådig (grådigt, grådige)
generous	gavmild (gavmildt, gavmilde)
brave	modig (modigt, modige)
shy	genert (genert, generte)
lazy	doven (dovent, dovne)
sexy	sexet (sexet, sexede)
stupid	dum (dumt, dumme)

Outside

cold (adjective)	kold (koldt, kolde)
hot (temperature)	hed (hedt, hede)
warm	varm (varmt, varme)
silent	lydløs (lydløst, lydløse)
quiet	stille (stille, stille)
loud	højt (højt, høje)
wet	våd (vådt, våde)
dry	tør (tørt, tørre)
windy	blæsende (blæsende, blæsende)
cloudy	overskyet (overskyet, overskyede)
foggy	tåget (tåget, tågede)
rainy	regnfuld (regnfuldt, regnfulde)
sunny	solrig (solrigt, solrige)

Verb

Basics

to open (e.g. a door)	at åbne (åbner, åbnede, åbnet)
to close	at lukke (lukker, lukkede, lukket)
to sit	at sidde (sidder, sad, siddet)
to turn on	at tænde (tænder, tændte, tændt)
to turn off	at slukke (slukker, slukkede, slukket)
to stand	at stå (står, stod, stået)
to lie	at ligge (ligger, lå, ligget)
to come	at komme (kommer, kom, kommet)
to think	at tænke (tænker, tænkte, tænkt)
to know	at vide (ved, vidste, vidst)
to fail	at fejle (fejler, fejlede, fejlet)
to win	at vinde (vinder, vandt, vundet)
to lose	at tabe (taber, tabte, tabt)
to live	at leve (lever, levede, levet)
to die	at dø (dør, døde, død)

Action

to take	at tage (tager, tog, taget)
to put	at sætte (sætter, satte, sat)
to find	at finde (finder, fandt, fundet)
to smoke	at ryge (ryger, røg, røget)
to steal	at stjæle (stjæler, stjal, stjålet)
to kill	at dræbe (dræber, dræbte, dræbt)
to fly	at flyve (flyver, fløj, fløjet)
to carry	at bære (bærer, bar, båret)
to rescue	at redde (redder, reddede, reddet)
to burn	at brænde (brænder, brændte, brændt)

to injure	at skade (skader, skadede, skadet)
to attack	at angribe (angriber, angreb, angrebet)
to defend	at forsvare (forsvarer, forsvarede, forsvaret)
to fall	at falde (falder, faldt, faldet)
to vote	at stemme (stemmer, stemte, stemt)
to choose	at vælge (vælger, valgte, valgt)
to gamble	at gamble (gambler, gamblede, gamblet)
to shoot	at skyde (skyder, skød, skudt)
to saw	at save (saver, savede, savet)
to drill	at bore (borer, borede, boret)
to hammer	at hamre (hamrer, hamrede, hamret)

Body

to eat	at spise (spiser, spiste, spist)
to drink	at drikke (drikker, drak, drukket)
to talk	at tale (taler, talte, talt)
to laugh	at grine (griner, grinede, grinet)
to cry	at græde (græder, græd, grædt)
to sing	at synge (synger, sang, sunget)
to walk	at gå (går, gik, gået)
to watch	at se (ser, så, set)
to work	at arbejde (arbejder, arbejdede, arbejdet)
to breathe	at ånde (ånder, åndede, åndet)
to smell	at lugte (lugter, lugtede, lugtet)
to listen	at lytte (lytter, lyttede, lyttet)
to lose weight	at tabe sig (taber, tabte, tabt)
to gain weight	at tage på i vægt (tager, tog, taget)
to shrink	at krympe (krymper, krympede, krympet)
to grow	at vokse (vokser, voksede, vokset)
to smile	at smile (smiler, smilede, smilet)
to whisper	at hviske (hvisker, hviskede, hvisket)

to touch	at røre (rører, rørte, rørt)
to shiver	at ryste (ryster, rystede, rystet)
to bite	at bide (bider, bed, bidt)
to swallow	at sluge (sluger, slugte, slugt)
to faint	at besvime (besvimer, besvimede, besvimet)
to stare	at stirre (stirrer, stirrede, stirret)
to kick	at sparke (sparker, sparkede, sparket)
to shout	at råbe (råber, råbte, råbt)
to spit	at spytte (spytter, spyttede, spyttet)
to vomit	at kaste op (kaster, kastede, kastet)

Interaction

to ask	at spørge (spørger, spurgte, spurgt)
to answer	at svare (svarer, svarede, svaret)
to help	at hjælpe (hjælper, hjalp, hjulpet)
to like	at kunne lide (kan, kunne, kunnet)
to love	at elske (elsker, elskede, elsket)
to give (somebody something)	at give (giver, gav, givet)
to marry	at gifte sig (gifter, giftede, giftet)
to meet	at møde (møder, mødte, mødt)
to kiss	at kysse (kysser, kyssede, kysset)
to argue	at skændes (skændes, skændtes, skændtes)
to share	at dele (deler, delte, delt)
to warn	at advare (advarer, advarede, advaret)
to follow	at følge (følger, fulgte, fulgt)
to hide	at gemme (gemmer, gemte, gemt)
to bet	at vædde (vædder, væddede, væddet)
to feed	at fodre (fodrer, fodrede, fodret)
to threaten	at true (truer, truede, truet)
to give a massage	at give massage (giver, gav, givet)

Movements

to run	at løbe (løber, løb, løbet)
to swim	at svømme (svømmer, svømmede, svømmet)
to jump	at hoppe (hopper, hoppede, hoppet)
to lift	at løfte (løfter, løftede, løftet)
to pull (... open)	at trække (trækker, trak, trukket)
to push (... open)	at skubbe (skubber, skubbede, skubbet)
to press (a button)	at presse (presser, pressede, presset)
to throw	at kaste (kaster, kastede, kastet)
to crawl	at kravle (kravler, kravlede, kravlet)
to fight	at kæmpe (kæmper, kæmpede, kæmpet)
to catch	at fange (fanger, fangede, fanget)
to hit	at slå (slår, slog, slået)
to climb	at klatre (klatrer, klatrede, klatret)
to roll	at rulle (ruller, rullede, rullet)
to dig	at grave (graver, gravede, gravet)

Business

to buy	at købe (køber, købte, købt)
to pay	at betale (betaler, betalte, betalt)
to sell	at sælge (sælger, solgte, solgt)
to study	at studere (studerer, studerede, studeret)
to practice	at øve (øver, øvede, øvet)
to call	at ringe (ringer, ringede, ringet)
to read	at læse (læser, læste, læst)
to write	at skrive (skriver, skrev, skrevet)
to calculate	at beregne (beregner, beregnede, beregnet)
to measure	at måle (måler, målte, målt)
to earn	at tjene (tjener, tjente, tjent)
to look for	at lede efter (leder, ledte, ledt)

to cut	at klippe (klipper, klippede, klippet)
to count	at tælle (tæller, talte, talt)
to scan	at scanne (scanner, scannede, scannet)
to print	at udskrive (udskriver, udskrev, udskrevet)
to copy	at kopiere (kopierer, kopierede, kopieret)
to fix	at reparere (reparerer, reparerede, repareret)
to quote	at citere (citerer, citerede, citeret)
to deliver	at levere (leverer, leverede, leveret)

Home

to sleep	at sove (sover, sov, sovet)
to dream	at drømme (drømmer, drømte, drømt)
to wait	at vente (venter, ventede, ventet)
to clean	at rengøre (rengør, rengjorde, rengjort)
to wash	at vaske (vasker, vaskede, vasket)
to cook	at lave mad (laver, lavede, lavet)
to play	at lege (leger, legede, leget)
to travel	at rejse (rejser, rejste, rejst)
to enjoy	at nyde (nyder, nød, nydt)
to bake	at bage (bager, bagte, bagt)
to fry	at stege (steger, stegte, stegt)
to boil	at koge (koger, kogte, kogt)
to pray	at bede (beder, bad, bedt)
to rest	at hvile (hviler, hvilede, hvilet)
to lock	at låse (låser, låste, låst)
to open (unlock)	at åbne (åbner, åbnede, åbnet)
to celebrate	at fejre (fejrer, fejrede, fejret)
to dry	at tørre (tørrer, tørrede, tørret)
to fish	at fiske (fisker, fiskede, fisket)
to take a shower	at tage et brusebad (tager, tog, taget)
to iron	at stryge (stryger, strøg, strøget)

to vacuum	**at støvsuge** (støvsuger, støvsugede, støvsuget)
to paint	**at male** (maler, malede, malet)

House

Parts

door	(en) **dør** (døre)
window (building)	(et) **vindue** (vinduer)
wall	(en) **væg** (vægge)
roof	(et) **tag** (tage)
elevator	(en) **elevator** (elevatorer)
stairs	(en) **trappe** (trapper)
toilet (at home)	(et) **toilet** (toiletter)
attic	(et) **loftsrum** (loftsrum)
basement	(en) **kælder** (kældre)
solar panel	(et) **solpanel** (solpaneler)
chimney	(en) **skorsten** (skorstene)
fifth floor	femte sal
first floor	første sal
ground floor	stueetage
first basement floor	første kælderetage
second basement floor	anden kælderetage
living room	(en) **stue** (stuer)
bedroom	(et) **soveværelse** (soveværelser)
kitchen	(et) **køkken** (køkkener)
corridor	(en) **korridor** (korridorer)
front door	(en) **hoveddør** (hoveddøre)
bathroom	(et) **badeværelse** (badeværelser)
workroom	(et) **arbejdsværelse** (arbejdsværelser)
nursery	(et) **børneværelse** (børneværelser)
floor	(et) **gulv** (gulve)
ceiling	(et) **loft** (lofter)
garage door	(en) **garageport** (garageporte)
garage	(en) **garage** (garager)

garden	(en) **have** (haver)
balcony	(en) **altan** (altaner)
terrace	(en) **terrasse** (terrasser)

Devices

TV set	(et) **fjernsyn** (fjernsyn)
remote control	(en) **fjernbetjening** (fjernbetjeninger)
security camera	(et) **overvågningskamera** (overvågningskameraer)
rice cooker	(en) **riskoger** (riskogere)
router	(en) **router** (routere)
heating	(et) **varmeanlæg** (varmeanlæg)
washing machine	(en) **vaskemaskine** (vaskemaskiner)
fridge	(et) **køleskab** (køleskabe)
freezer	(en) **fryser** (frysere)
microwave	(en) **mikroovn** (mikroovne)
oven	(en) **ovn** (ovne)
cooker	(et) **komfur** (komfurer)
cooker hood	(en) **emhætte** (emhætter)
dishwasher	(en) **opvaskemaskine** (opvaskemaskiner)
kettle	(en) **kedel** (kedler)
mixer	(en) **håndmikser** (håndmiksere)
electric iron	(et) **strygejern** (strygejern)
toaster	(en) **brødrister** (brødristere)
hairdryer	(en) **hårtørrer** (hårtørrere)
ironing table	(et) **strygebræt** (strygebrætter)
vacuum cleaner	(en) **støvsuger** (støvsugere)
coffee machine	(en) **kaffemaskine** (kaffemaskiner)
air conditioner	(et) **klimaanlæg** (klimaanlæg)
satellite dish	(en) **parabol** (paraboler)
fan	(en) **ventilator** (ventilatorer)

radiator	(en) radiator (radiatorer)
sewing machine	(en) symaskine (symaskiner)

Kitchen

spoon	(en) ske (skeer)
fork	(en) gaffel (gafler)
knife	(en) kniv (knive)
plate	(en) tallerken (tallerkener)
bowl	(en) skål (skåle)
glass	(et) glas (glas)
cup (for cold drinks)	(et) bæger (bægre)
garbage bin	(en) skraldespand (skraldespande)
chopstick	(en) spisepind (spisepinde)
light bulb	(en) lyspære (lyspærer)
pan	(en) pande (pander)
pot	(en) gryde (gryder)
ladle	(en) slev (sleve)
cup (for hot drinks)	(en) kop (kopper)
teapot	(en) tepotte (tepotter)
grater	(et) rivejern (rivejern)
cutlery	(et) bestik
tap	(en) vandhane (vandhaner)
sink	(en) vask (vaske)
wooden spoon	(en) træske (træskeer)
chopping board	(et) skærebræt (skærebrætter)
sponge	(en) svamp (svampe)
corkscrew	(en) proptrækker (proptrækkere)

Bedroom

bed	(en) seng (senge)

alarm clock	(et) **vækkeur** (vækkeure)
curtain	(et) **gardin** (gardiner)
bedside lamp	(en) **sengelampe** (sengelamper)
wardrobe	(en) **garderobe** (garderober)
drawer	(en) **skuffe** (skuffer)
bunk bed	(en) **køjeseng** (køjesenge)
desk	(et) **skrivebord** (skriveborde)
cupboard	(et) **skab** (skabe)
shelf	(en) **hylde** (hylder)
blanket	(et) **tæppe** (tæpper)
pillow	(en) **pude** (puder)
mattress	(en) **madras** (madrasser)
night table	(et) **natbord** (natborde)
cuddly toy	(et) **krammedyr** (krammedyr)
bookshelf	(en) **bogreol** (bogreoler)
lamp	(en) **lampe** (lamper)
safe (for money)	(et) **pengeskab** (pengeskabe)
baby monitor	(en) **babyalarm** (babyalarmer)

Bathroom

broom	(en) **kost** (koste)
shower	(en) **bruser** (brusere)
mirror	(et) **spejl** (spejle)
scale	(en) **badevægt** (badevægte)
bucket	(en) **spand** (spande)
toilet paper	(et) **toiletpapir**
basin	(en) **håndvask** (håndvaske)
towel	(et) **håndklæde** (håndklæder)
tile	(en) **flise** (fliser)
toilet brush	(en) **toiletbørste** (toiletbørster)
soap	(en) **sæbe** (sæber)

bath towel	(et) badehåndklæde (badehåndklæder)
bathtub	(et) badekar (badekar)
shower curtain	(et) badeforhæng (badeforhæng)
laundry	(et) vasketøj
laundry basket	(en) vasketøjskurv (vasketøjskurve)
peg	(en) tøjklemme (tøjklemmer)
washing powder	(et) vaskepulver (vaskepulvere)

Living room

chair	(en) stol (stole)
table	(et) bord (borde)
clock	(et) ur (ure)
calendar	(en) kalender (kalendere)
picture	(et) billede (billeder)
carpet	(et) gulvtæppe (gulvtæpper)
sofa	(en) sofa (sofaer)
power outlet	(en) stikkontakt (stikkontakter)
coffee table	(et) sofabord (sofaborde)
houseplant	(en) stueplante (stueplanter)
shoe cabinet	(et) skoskab (skoskabe)
light switch	(en) lyskontakt (lyskontakter)
stool	(en) taburet (taburetter)
rocking chair	(en) gyngestol (gyngestole)
door handle	(et) dørhåndtag (dørhåndtag)
tablecloth	(en) dug (duge)
blind	(en) persienne (persienner)
keyhole	(et) nøglehul (nøglehuller)
smoke detector	(en) røgalarm (røgalarmer)

Garden

neighbour	(en) **nabo** (naboer)
axe	(en) **økse** (økser)
saw	(en) **sav** (save)
ladder	(en) **stige** (stiger)
fence	(et) **hegn** (hegn)
swimming pool (garden)	(en) **svømmebassin** (svømmebassiner)
deck chair	(en) **liggestol** (liggestole)
mailbox (for letters)	(en) **postkasse** (postkasser)
pond	(en) **dam** (damme)
shed	(et) **skur** (skure)
flower bed	(et) **blomsterbed** (blomsterbede)
lawn mower	(en) **græsslåmaskine** (græsslåmaskiner)
rake	(en) **rive** (river)
shovel	(en) **skovl** (skovle)
water can	(en) **vandkande** (vandkander)
wheelbarrow	(en) **trillebør** (trillebøre)
hose	(en) **vandslange** (vandslanger)
pitchfork	(en) **høtyv** (høtyve)
loppers	(en) **grensaks** (grensakse)
flower pot	(en) **blomsterkrukke** (blomsterkrukker)
hedge	(en) **hæk** (hække)
tree house	(en) **træhytte** (træhytter)
hoe	(en) **hakke** (hakker)
chainsaw	(en) **kædesav** (kædesave)
kennel	(et) **hundehus** (hundehuse)
bell	(en) **dørklokke** (dørklokker)
greenhouse	(et) **drivhus** (drivhuse)

Food

Dairy Products

egg	(et) æg (æg)
milk	(en) mælk
cheese	(en) ost (oste)
butter	(et) smør
yoghurt	(en) yoghurt
ice cream	(en) flødeis
cream (food)	(en) fløde
sour cream	(en) creme fraiche
whipped cream	(et) flødeskum
egg white	(en) æggehvide (æggehvider)
yolk	(en) æggeblomme (æggeblommer)
boiled egg	(et) kogt æg (kogte æg)
buttermilk	(en) kærnemælk
feta	(en) feta
mozzarella	(en) mozzarella
parmesan	(en) parmesan
milk powder	(et) mælkepulver

Meat & Fish

meat	(et) kød
fish (to eat)	(en) fisk (fisk)
steak	(en) bøf (bøffer)
sausage	(en) pølse (pølser)
bacon	(en) bacon
ham	(en) skinke
lamb	(et) lammekød
pork	(et) svinekød

beef	(et) oksekød
chicken (meat)	(et) kyllingekød
turkey	(et) kalkunkød
salami	(en) salami
game	(et) vildtkød
veal	(et) kalvekød
fat meat	(et) fedt kød
lean meat	(et) magert kød
minced meat	(et) hakket kød
salmon	(en) laks (laks)
tuna	(en) tunfisk (tunfisk)
sardine	(en) sardin (sardiner)
fishbone	(et) fiskeben (fiskeben)
bone (food)	(en) knogle (knogler)

Vegetables

lettuce	(en) salat (salater)
potato	(en) kartoffel (kartofler)
mushroom	(en) champignon (champignoner)
garlic	(et) hvidløg (hvidløg)
cucumber	(en) agurk (agurker)
onion	(et) løg (løg)
corn	(en) majs (majs)
pea	(en) ært (ærter)
bean	(en) bønne (bønner)
celery	(en) selleri (sellerier)
okra	(en) okra (okra)
bamboo (food)	(en) bambus (bambus)
Brussels sprouts	(et) rosenkål (rosenkål)
spinach	(en) spinat
turnip cabbage	(en) majroe (majroer)

broccoli	(en) broccoli (broccoli)
cabbage	(et) kål (kål)
artichoke	(en) artiskok (artiskokker)
cauliflower	(et) blomkål (blomkål)
pepper (vegetable)	(en) rød peber (røde pebre)
chili	(en) chili (chilier)
courgette	(en) courgette (courgetter)
radish	(en) radise (radiser)
carrot	(en) gulerod (gulerødder)
sweet potato	(en) sød kartoffel (søde kartofler)
aubergine	(en) aubergine (auberginer)
ginger	(en) ingefær (ingefæren)
spring onion	(et) forårsløg (forårsløg)
leek	(en) porre (porrer)
truffle	(en) trøffel (trøfler)
pumpkin	(et) græskar (græskar)
lotus root	(en) lotusrod (lotusrødder)

Fruits & More

apple	(et) æble (æbler)
banana	(en) banan (bananer)
pear	(en) pære (pærer)
tomato	(en) tomat (tomater)
orange (food)	(en) appelsin (appelsiner)
lemon	(en) citron (citroner)
strawberry	(et) jordbær (jordbær)
pineapple	(en) ananas (ananas)
water melon	(en) vandmelon (vandmeloner)
grapefruit	(en) grapefrugt (grapefrugter)
lime	(en) lime (lime)
peach	(en) fersken (ferskener)

apricot	(en) abrikos (abrikoser)
plum	(en) blomme (blommer)
cherry	(et) kirsebær (kirsebær)
blackberry	(et) brombær (brombær)
cranberry	(et) tranebær (tranebær)
blueberry	(et) blåbær (blåbær)
raspberry	(et) hindbær (hindbær)
currant	(et) solbær (solbær)
sugar melon	(en) honningmelon (honningmeloner)
grape	(en) vindrue (vindruer)
avocado	(en) avocado (avocadoer)
kiwi	(en) kiwi (kiwier)
lychee	(en) litchi (litchi)
papaya	(en) papaja (papajaer)
mango	(en) mango (mangoer)
pistachio	(en) pistacie (pistacier)
cashew	(en) cashewnød (cashewnødder)
peanut	(en) jordnød (jordnødder)
hazelnut	(en) hasselnød (hasselnødder)
walnut	(en) valnød (valnødder)
almond	(en) mandel (mandler)
coconut	(en) kokosnød (kokosnødder)
date (food)	(en) daddel (dadler)
fig	(en) figen (figener)
raisin	(en) rosin (rosiner)
olive	(en) oliven (oliven)
pit	(en) kerne (kerner)
peel	(en) skræl (skræller)
jackfruit	(en) jackfrugt (jackfrugter)

Spices

salt	salt
pepper (spice)	peber
curry	karry
vanilla	vanilje
nutmeg	muskatnød
paprika	paprika
cinnamon	kanel
lemongrass	citrongræs
fennel	fennikel
thyme	timian
mint	mynte
chive	purløg
marjoram	merian
basil	basilikum
rosemary	rosmarin
dill	dild
coriander	koriander
oregano	oregano

Products

flour	mel
sugar	sukker
rice	ris
bread	brød
noodle	nudel
oil	olie
soy	soja
wheat	hvede
oat	havre
sugar beet	sukkerroe
sugar cane	sukkerrør

rapeseed oil	rapsolie
sunflower oil	solsikkeolie
olive oil	olivenolie
peanut oil	jordnøddeolie
soy milk	sojamælk
corn oil	majsolie
vinegar	eddike
yeast	gær
baking powder	bagepulver
gluten	gluten
tofu	tofu
icing sugar	flormelis
granulated sugar	melis
vanilla sugar	vaniljesukker
tobacco	tobak

Breakfast

honey	honning
jam	marmelade
peanut butter	jordnøddesmør
nut	(en) nød (nødder)
oatmeal	havregryn
cereal	morgenmadsprodukt
maple syrup	ahornsirup
chocolate cream	chokoladecreme
porridge	grød
baked beans	bagte bønner
scrambled eggs	røræg
muesli	müsli
fruit salad	(en) frugtsalat (frugtsalater)
dried fruit	(en) tørret frugt (tørrede frugter)

Sweet Food

cake	(en) kage (kager)
cookie	(en) småkage (småkager)
muffin	(en) muffin (muffins)
biscuit	(en) kiks (kiks)
chocolate	(en) chokolade (chokolader)
candy	(et) slik (slikket)
doughnut	(en) donut (donuts)
brownie	(en) brownie (brownies)
pudding	(en) budding (buddinger)
custard	(en) creme (cremer)
cheesecake	(en) ostekage (ostekager)
crêpe	(en) crepe (crepes)
croissant	(en) croissant (croissanter)
pancake	(en) pandekage (pandekager)
waffle	(en) vaffel (vafler)
apple pie	(en) æbletærte (æbletærter)
marshmallow	(en) skumfidus (skumfiduser)
chewing gum	(et) tyggegummi (tyggegummier)
fruit gum	(en) vingummi (vingummier)
liquorice	(en) lakrids (lakridser)
caramel	(en) karamel (karameller)
candy floss	(en) candyfloss (candyflosser)
nougat	nougat

Drinks

water	vand
tea	te
coffee	kaffe
coke	cola
milkshake	milkshake

orange juice	appelsinjuice
soda	danskvand
tap water	postevand
black tea	sort te
green tea	grøn te
milk tea	mælkete
hot chocolate	varm chokolade
cappuccino	cappuccino
espresso	espresso
mocha	mokka
iced coffee	iskaffe
lemonade	lemonade
apple juice	æblejuice
smoothie	smoothie
energy drink	energidrik

Alcohol

wine	vin
beer	øl
champagne	champagne
red wine	rødvin
white wine	hvidvin
gin	gin
vodka	vodka
whiskey	whisky
rum	rom
brandy	brandy
cider	cider
tequila	tequila
cocktail	cocktail
martini	martini
liqueur	likør

sake	sake
sparkling wine	mousserende vin

Meals

soup	(en) suppe (supper)
salad	(en) salat (salater)
dessert	(en) dessert (desserter)
starter	(en) forret (forretter)
side dish	(et) tilbehør (tilbehør)
snack	(et) mellemmåltid (mellemmåltider)
breakfast	(en) morgenmad (morgenmåltider)
lunch	(en) frokost (frokoster)
dinner	(en) aftensmad (aftensmåltider)
picnic	(en) picnic (picnicer)
seafood	fisk og skaldyr
street food	street food
menu	(et) menukort
tip	drikkepenge
buffet	(en) buffet (buffeter)

Western Food

pizza	(en) pizza (pizzaer)
spaghetti	spaghetti
potato salad	(en) kartoffelsalat (kartoffelsalater)
mustard	sennep
barbecue	(en) grill (grille)
steak	(en) bøf (bøffer)
roast chicken	(en) stegt kylling (stegte kyllinger)
pie	(en) tærte (tærter)
meatball	(en) frikadelle (frikadeller)
lasagne	(en) lasagne (lasagner)

fried sausage	(en) stegt pølse (stegte pølser)
skewer	(et) spyd (spyd)
goulash	(en) gullasch
roast pork	stegt svinekød
mashed potatoes	kartoffelmos

Asian Food

sushi	sushi
spring roll	(en) forårsrulle (forårsruller)
instant noodles	minutnudler
fried noodles	stegte nudler
fried rice	stegte ris
ramen	ramen
dumpling	(en) melbolle (melboller)
dim sum	dim sum
hot pot	hot pot
Beijing duck	(en) pekingand (pekingænder)

Fast Food

burger	(en) burger (burgere)
French fries	pomfritter
chips	chips
tomato sauce	(en) ketchup
mayonnaise	mayonnaise
popcorn	popcorn
hamburger	(en) hamburger (hamburgere)
cheeseburger	(en) cheeseburger (cheeseburgere)
hot dog	(en) hotdog (hotdogs)
sandwich	(en) sandwich (sandwiches)
chicken nugget	(en) kyllingenugget (kyllingenuggets)
fish and chips	fisk og pomfritter

kebab	(en) **kebab** (kebabber)
chicken wings	kyllingevinger
onion ring	(en) **løgring** (løgringe)
potato wedges	kartoffelbåde
nachos	nachos

Life

Holiday

luggage	(en) bagage
hotel	(et) hotel (hoteller)
passport	(et) pas (pas)
tent	(et) telt (telte)
sleeping bag	(en) sovepose (soveposer)
backpack	(en) rygsæk (rygsække)
room key	(en) værelsesnøgle (værelsesnøgler)
guest	(en) gæst (gæster)
lobby	(en) lobby (lobbyer)
room number	(et) værelsesnummer (værelsesnumre)
single room	(et) enkeltværelse (enkeltværelser)
double room	(et) dobbeltværelse (dobbeltværelser)
dorm room	(et) kollegieværelse (kollegieværelser)
room service	(en) roomservice
minibar	(en) minibar (minibarer)
reservation	(en) reservation (reservationer)
membership	(et) medlemskab (medlemskaber)
beach	(en) strand (strande)
parasol	(en) parasol (parasoller)
camping	(en) camping
camping site	(en) campingplads (campingpladser)
campfire	(et) bål (bål)
air mattress	(en) luftmadras (luftmadrasser)
postcard	(et) postkort (postkort)
diary	(en) dagbog (dagbøger)
visa	(et) visum (visa)
hostel	(et) vandrehjem (vandrehjem)

booking	(en) booking (bookinger)
member	(et) medlem (medlemmer)

Time

second (time)	(et) sekund (sekunder)
minute	(et) minut (minutter)
hour	(en) time (timer)
morning (6:00-9:00)	(en) morgen (morgener)
noon	(en) middag (middage)
evening	(en) aften (aftener)
morning (9:00-11:00)	(en) formiddag (formiddage)
afternoon	(en) eftermiddag (eftermiddage)
night	(en) nat (nætter)
1:00	klokken et
2:05	fem over to
3:10	ti over tre
4:15	kvart over fire
5:20	tyve over fem
6:25	femogtyve over seks
7:30	halv otte
8:35	otte femogtredive
9:40	tyve i ti
10:45	kvart i elleve
11:50	ti i tolv
12:55	fem i et
one o'clock in the morning	klokken et om morgenen
two o'clock in the afternoon	klokken to om eftermiddagen
half an hour	en halv time
quarter of an hour	et kvarter
three quarters of an hour	tre kvarter
midnight	(en) midnat
now	nu

Date

the day before yesterday	i forgårs
yesterday	i går
today	i dag
tomorrow	i morgen
the day after tomorrow	i overmorgen
spring	(et) forår (forår)
summer	(en) sommer (somre)
autumn	(et) efterår (efterår)
winter	(en) vinter (vintre)
Monday	(en) mandag (mandage)
Tuesday	(en) tirsdag (tirsdage)
Wednesday	(en) onsdag (onsdage)
Thursday	(en) torsdag (torsdage)
Friday	(en) fredag (fredage)
Saturday	(en) lørdag (lørdage)
Sunday	(en) søndag (søndage)
day	(en) dag (dage)
week	(en) uge (uger)
month	(en) måned (måneder)
year	(et) år (år)
January	januar
February	februar
March	marts
April	april
May	maj
June	juni
July	juli
August	august
September	september
October	oktober

November	november
December	december
century	(et) århundrede (århundreder)
decade	(et) årti (årtier)
millennium	(et) årtusinde (årtusinder)
2014-01-01	første januar to tusinde og fjorten
2015-04-03	tredje april to tusinde og femten
2016-05-17	syttende maj to tusinde og seksten
1988-04-12	tolvte april nitten otte og firs
1899-10-13	trettende oktober atten ni og halvfems
2000-12-12	tolvte december to tusinde
1900-11-11	ellevte november nittenhundrede
2010-07-14	fjortende juli to tusind og ti
1907-09-30	tredivte september nittenhundrede syv
2003-02-25	femogtyvende februar to tusind og tre
last week	sidste uge
this week	denne uge
next week	næste uge
last year	sidste år
this year	dette år
next year	næste år
last month	sidste måned
this month	denne måned
next month	næste måned
birthday	(en) fødselsdag (fødselsdage)
Christmas	jul
New Year	nytår
Ramadan	ramadan
Halloween	halloween
Thanksgiving	thanksgiving
Easter	påske

Relatives

daughter	(en) **datter** (døtre)
son	(en) **søn** (sønner)
mother	(en) **moder** (mødre)
father	(en) **fader** (fædre)
wife	(en) **kone** (koner)
husband	(en) **mand** (mænd)
grandfather (paternal)	(en) **farfar** (farfædre)
grandfather (maternal)	(en) **morfar** (morfædre)
grandmother (paternal)	(en) **farmor** (farmødre)
grandmother (maternal)	(en) **mormor** (mormødre)
aunt	(en) **tante** (tanter)
uncle	(en) **onkel** (onkler)
cousin (male)	(en) **fætter** (fætre)
cousin (female)	(en) **kusine** (kusiner)
big brother	(en) **storebror** (storebrødre)
little brother	(en) **lillebror** (lillebrødre)
big sister	(en) **storesøster** (storesøstre)
little sister	(en) **lillesøster** (lillesøstre)
niece	(en) **niece** (niecer)
nephew	(en) **nevø** (nevøer)
daughter-in-law	(en) **svigerdatter** (svigerdøtre)
son-in-law	(en) **svigersøn** (svigersønner)
grandson	(et) **barnebarn** (børnebørn)
granddaughter	(et) **barnebarn** (børnebørn)
brother-in-law	(en) **svoger** (svogre)
sister-in-law	(en) **svigerinde** (svigerinder)
father-in-law	(en) **svigerfar** (svigerfædre)
mother-in-law	(en) **svigermor** (svigermødre)
parents	**forældre**
parents-in-law	**svigerforældre**

siblings	søskende
grandchild	(et) barnebarn (børnebørn)
stepfather	(en) stedfar (stedfædre)
stepmother	(en) stedmor (stedmødre)
stepdaughter	(en) steddatter (steddøtre)
stepson	(en) stedsøn (stedsønner)
dad	(en) far (fædre)
mum	(en) mor (mødre)

Life

man	(en) mand (mænd)
woman	(en) kvinde (kvinder)
child	(et) barn (børn)
boy	(en) dreng (drenge)
girl	(en) pige (piger)
baby	(en) baby (babyer)
love	(en) kærlighed
job	(et) job (jobs)
death	(en) død
birth	(en) fødsel (fødsler)
infant	(et) spædbarn (spædbørn)
birth certificate	(en) fødselsattest (fødselsattester)
nursery	(en) vuggestue (vuggestuer)
kindergarten	(en) børnehave (børnehaver)
primary school	(en) folkeskole (folkeskoler)
twins	tvillinger
triplets	trillinger
junior school	(et) gymnasium (gymnasier)
high school	(et) gymnasium (gymnasier)
friend	(en) ven (venner)
girlfriend	(en) kæreste (kærester)

boyfriend	(en) **kæreste** (kærester)
university	(et) **universitet** (universiteter)
vocational training	(en) **erhvervsuddannelse** (erhvervsuddannelser)
graduation	(en) **dimission** (dimissioner)
engagement	(en) **forlovelse** (forlovelser)
fiancé	(en) **forlovede**
fiancée	(en) **forlovede**
lovesickness	(en) **kærestesorg** (kærestesorger)
sex	**sex**
engagement ring	(en) **forlovelsesring** (forlovelsesringe)
kiss	(et) **kys** (kys)
wedding	(et) **bryllup** (bryllupper)
divorce	(en) **skilsmisse** (skilsmisser)
groom	(en) **brudgom** (brudgomme)
bride	(en) **brud** (brude)
wedding dress	(en) **brudekjole** (brudekjoler)
wedding ring	(en) **vielsesring** (vielsesringe)
wedding cake	(en) **bryllupskage** (bryllupskager)
honeymoon	(en) **bryllupsrejse** (bryllupsrejser)
funeral	(en) **begravelse** (begravelser)
retirement	(en) **pension** (pensioner)
coffin	(en) **kiste** (kister)
corpse	(et) **lig** (lig)
urn	(en) **urne** (urner)
grave	(en) **grav** (grave)
widow	(en) **enke** (enker)
widower	(en) **enkemand** (enkemænd)
orphan	(en) **forældreløst barn**
testament	(et) **testamente** (testamenter)
heir	(en) **arving** (arvinger)

heritage	(en) arv
gender	(et) køn (køn)
cemetery	(en) kirkegård (kirkegårde)

Transport

Car

tyre	(et) **dæk** (dæk)
steering wheel	(et) **rat** (rat)
throttle	(en) **gaspedal** (gaspedaler)
brake	(en) **bremse** (bremser)
clutch	(en) **kobling** (koblinger)
horn	(et) **horn** (horn)
windscreen wiper	(en) **vinduesvisker** (vinduesviskere)
battery	(et) **batteri** (batterier)
rear trunk	(et) **bagagerum** (bagagerum)
wing mirror	(et) **sidespejl** (sidespejle)
rear mirror	(et) **bakspejl** (bakspejle)
windscreen	(en) **forrude** (forruder)
bonnet	(en) **motorhjelm** (motorhjelme)
side door	(en) **sidedør** (sidedøre)
front light	(en) **forlygte** (forlygter)
bumper	(en) **kofanger** (kofangere)
seatbelt	(en) **sikkerhedssele** (sikkerhedsseler)
diesel	diesel
petrol	benzin
back seat	(et) **bagsæde** (bagsæder)
front seat	(et) **forsæde** (forsæder)
gear shift	(et) **gearskift** (gearskifter)
automatic	(et) **automatisk**
dashboard	(et) **instrumentbræt** (instrumentbrætter)
airbag	(en) **airbag** (airbags)
GPS	(en) **GPS** (GPS'er)
speedometer	(et) **speedometer** (speedometre)
gear lever	(en) **gearstang** (gearstænger)

motor	(en) motor (motorer)
exhaust pipe	(et) udstødningsrør (udstødningsrør)
hand brake	(en) håndbremse (håndbremser)
shock absorber	(en) støddæmper (støddæmpere)
rear light	(en) baglygte (baglygter)
brake light	(et) bremselys (bremselys)

Bus & Train

train	(et) tog (toge)
bus	(en) bus (busser)
tram	(en) sporvogn (sporvogne)
subway	(en) undergrundsbane (undergrundsbaner)
bus stop	(et) busstoppested (busstoppesteder)
train station	(en) togstation (togstationer)
timetable	(en) køreplan (køreplaner)
fare	(en) billetpris (billetpriser)
minibus	(en) minibus (minibusser)
school bus	(en) skolebus (skolebusser)
platform	(en) perron (perroner)
locomotive	(et) lokomotiv (lokomotiver)
steam train	(et) damplokomotiv (damplokomotiver)
high-speed train	(et) højhastighedstog (højhastighedstoge)
monorail	(en) monorail (monorails)
freight train	(et) godstog (godstoge)
ticket office	(et) billetkontor (billetkontorer)
ticket vending machine	(en) billetautomat (billetautomater)
railtrack	(et) togspor (togspor)

Plane

| airport | (en) lufthavn (lufthavne) |

emergency exit (on plane)	(en) nødudgang (nødudgange)
helicopter	(en) helikopter (helikoptere)
wing	(en) vinge (vinger)
engine	(en) motor (motorer)
life jacket	(en) redningsvest (redningsveste)
cockpit	(et) cockpit (cockpitter)
row	(en) række (rækker)
window (in plane)	(et) vindue (vinduer)
aisle	(en) midtergang (midtergange)
glider	(et) svævefly (svævefly)
cargo aircraft	(et) fragtfly (fragtfly)
business class	business class
economy class	økonomiklasse
first class	første klasse
carry-on luggage	(en) håndbagage (håndbagager)
check-in desk	(en) check-in-skranke (check-in-skranker)
airline	(et) flyselskab (flyselskaber)
control tower	(et) kontroltårn (kontroltårne)
customs	(en) told
arrival	(en) ankomst (ankomster)
departure	(en) afgang (afgange)
runway	(en) landingsbane (landingsbaner)

Ship

harbour	(en) havn (havne)
container	(en) container (containere)
container ship	(et) containerskib (containerskibe)
yacht	(en) yacht (yachter)
ferry	(en) færge (færger)
anchor	(et) anker (ankre)
rowing boat	(en) robåd (robåde)

rubber boat	(en) gummibåd (gummibåde)
mast	(en) mast (master)
life buoy	(en) redningskrans (redningskranse)
sail	(et) sejl (sejl)
radar	(en) radar (radarer)
deck	(et) dæk (dæk)
lifeboat	(en) redningsbåd (redningsbåde)
bridge	(en) bro (broer)
engine room	(et) motorrum (motorrum)
cabin	(en) kahyt (kahytter)
sailing boat	(en) sejlbåd (sejlbåde)
submarine	(en) ubåd (ubåde)
aircraft carrier	(et) hangarskib (hangarskibe)
cruise ship	(et) krydstogtskib (krydstogtskibe)
fishing boat	(en) fiskebåd (fiskebåde)
pier	(en) mole (moler)
lighthouse	(et) fyrtårn (fyrtårne)
canoe	(en) kano (kanoer)

Infrastructure

road	(en) vej (veje)
motorway	(en) motorvej (motorveje)
petrol station	(en) tankstation (tankstationer)
traffic light	(et) trafiklys (trafiklys)
construction site	(en) byggeplads (byggepladser)
car park	(en) parkeringsplads (parkeringspladser)
traffic jam	(en) trafikprop (trafikpropper)
intersection	(et) vejkryds (vejkryds)
toll	(en) vejafgift (vejafgifter)
overpass	(en) vejbro (vejbroer)
underpass	(en) fodgængertunnel (fodgængertunneler)

one-way street	(en) **ensrettet vej** (ensrettede veje)
pedestrian crossing	(et) **fodgængerfelt** (fodgængerfelter)
speed limit	(en) **hastighedsbegrænsning** (hastighedsbegrænsninger)
roundabout	(en) **rundkørsel** (rundkørsler)
parking meter	(et) **parkometer** (parkometre)
car wash	(en) **bilvask** (bilvaske)
pavement	(et) **fortov** (fortove)
rush hour	**myldretid**
street light	(en) **gadelampe** (gadelamper)

Others

car	(en) **bil** (biler)
ship	(et) **skib** (skibe)
plane	(et) **fly** (fly)
bicycle	(en) **cykel** (cykler)
taxi	(en) **taxa** (taxaer)
lorry	(en) **lastbil** (lastbiler)
snowmobile	(en) **snescooter** (snescootere)
cable car	(en) **svævebane** (svævebaner)
classic car	(en) **veteranbil** (veteranbiler)
limousine	(en) **limousine** (limousiner)
motorcycle	(en) **motorcykel** (motorcykler)
motor scooter	(en) **scooter** (scootere)
tandem	(en) **tandem** (tandemmer)
racing bicycle	(en) **racercykel** (racercykler)
hot-air balloon	(en) **varmluftsballon** (varmluftsballoner)
caravan	(en) **campingvogn** (campingvogne)
trailer	(en) **anhænger** (anhængere)
child seat	(et) **barnesæde** (barnesæder)
antifreeze fluid	(en) **frostvæske** (frostvæsker)

jack	(en) donkraft (donkrafte)
chain	(en) kæde (kæder)
air pump	(en) luftpumpe (luftpumper)
tractor	(en) traktor (traktorer)
combine harvester	(en) mejetærsker (mejetærskere)
excavator	(en) gravemaskine (gravemaskiner)
road roller	(en) vejtromle (vejtromler)
crane truck	(en) mobilkran (mobilkraner)
tank	(en) tank (tanke)
concrete mixer	(en) betonblander (betonblandere)
forklift truck	(en) gaffeltruck (gaffeltrucks)

Culture

Cinema & TV

TV	(et) **fjernsyn** (fjernsyn)
cinema	(en) **biograf** (biografer)
ticket	(en) **billet** (billetter)
comedy	(en) **komedie** (komedier)
thriller	(en) **thriller** (thrillere)
horror movie	(en) **gyserfilm** (gyserfilm)
western film	(en) **western** (western)
science fiction	(en) **science fiction**
cartoon	(en) **tegneserie** (tegneserier)
screen (cinema)	(et) **lærred** (lærreder)
seat	(et) **sæde** (sæder)
news	(en) **nyhed** (nyheder)
channel	(en) **kanal** (kanaler)
TV series	(en) **TV serie** (TV serier)

Instruments

violin	(en) **violin** (violiner)
keyboard (music)	(et) **keyboard** (keyboards)
piano	(et) **klaver** (klaverer)
trumpet	(en) **trompet** (trompeter)
guitar	(en) **guitar** (guitarer)
flute	(en) **tværfløjte** (tværfløjter)
harp	(en) **harpe** (harper)
double bass	(en) **kontrabas** (kontrabasser)
viola	(en) **viola** (violaer)
cello	(en) **cello** (celloer)
oboe	(en) **obo** (oboer)

saxophone	(en) saxofon (saxofoner)
bassoon	(en) fagot (fagotter)
clarinet	(en) klarinet (klarinetter)
tambourine	(en) tamburin (tamburiner)
cymbals	(et) bækken (bækkener)
snare drum	(en) lilletromme (lilletrommer)
kettledrum	(en) pauke (pauker)
triangle	(en) triangel (triangler)
trombone	(en) basun (basuner)
French horn	(et) valdhorn (valdhorn)
tuba	(en) tuba (tubaer)
bass guitar	(en) basguitar (basguitarer)
electric guitar	(en) elektrisk guitar (elektriske guitarer)
drums	(et) trommesæt (trommesæt)
organ	(et) orgel (orgler)
xylophone	(en) xylofon (xylofoner)
accordion	(en) harmonika (harmonikaer)
ukulele	(en) ukulele (ukuleler)
harmonica	(en) mundharmonika (mundharmonikaer)

Music

opera	(en) opera (operaer)
orchestra	(et) orkester (orkestre)
concert	(en) koncert (koncerter)
classical music	klassisk musik
pop	pop
jazz	jazz
blues	blues
punk	punk
rock (music)	rock
folk music	folkemusik

heavy metal	heavy metal
rap	rap
reggae	reggae
lyrics	(en) sangtekst (sangtekster)
melody	(en) melodi (melodier)
note (music)	(en) node (noder)
clef	(en) nøgle (nøgler)
symphony	(en) symfoni (symfonier)

Arts

theatre	(et) teater (teatre)
stage	(en) scene (scener)
audience	(et) publikum (publikummer)
painting	(et) maleri (malerier)
drawing	(en) tegning (tegninger)
palette	(en) palet (paletter)
brush (to paint)	(en) pensel (pensler)
oil paint	(en) oliemaling (oliemalinger)
origami	(en) origami
pottery	(en) keramik
woodwork	(et) træarbejde (træarbejder)
sculpting	(en) billedhuggerkunst
cast	(et) ensemble (ensembler)
play	(et) teaterstykke (teaterstykker)
script	(et) manuskript (manuskripter)
portrait	(et) portræt (portrætter)

Dancing

ballet	ballet
Viennese waltz	wienervals
tango	tango

Ballroom dance	standard dans
Latin dance	latinamerikansk dans
rock 'n' roll	rock 'n' roll
waltz	vals
quickstep	quickstep
cha-cha	cha-cha-cha
jive	jive
salsa	salsa
samba	samba
rumba	rumba

Writing

newspaper	(en) avis (aviser)
magazine	(et) blad (blade)
advertisement	(en) reklame (reklamer)
letter (like a, b, c)	(et) bogstav (bogstaver)
character	(et) tegn (tegn)
text	(en) tekst (tekster)
flyer	(en) flyer (flyers)
leaflet	(en) folder (foldere)
comic book	(en) tegneserie (tegneserier)
article	(en) artikel (artikler)
photo album	(et) fotoalbum (fotoalbummer)
newsletter	(et) nyhedsbrev (nyhedsbreve)
joke	(en) vittighed (vittigheder)
Sudoku	(en) sudoku (sudokuer)
crosswords	(en) krydsord (krydsord)
caricature	(en) karikatur (karikaturer)
table of contents	(en) indholdsfortegnelse (indholdsfortegnelser)
preface	(et) forord (forord)
content	(et) indhold (indhold)

heading	(en) **overskrift** (overskrifter)
publisher	(et) **forlag** (forlag)
novel	(en) **roman** (romaner)
textbook	(en) **lærebog** (lærebøger)
alphabet	(et) **alfabet**

School

Basics

book	(en) **bog** (bøger)
dictionary	(en) **ordbog** (ordbøger)
library	(et) **bibliotek** (biblioteker)
exam	(en) **eksamen** (eksamener)
blackboard	(en) **tavle** (tavler)
desk	(et) **skolebord** (skoleborde)
chalk	(et) **kridt** (kridt)
schoolyard	(en) **skolegård** (skolegårde)
school uniform	(en) **skoleuniform** (skoleuniformer)
schoolbag	(en) **skoletaske** (skoletasker)
notebook	(en) **notesbog** (notesbøger)
lesson	(en) **lektion** (lektioner)
homework	(en) **lektie** (lektier)
essay	(et) **essay** (essays)
term	(et) **semester** (semestre)
sports ground	(en) **sportsplads** (sportspladser)
reading room	(en) **læsesal** (læsesale)

Subjects

history	historie
science	videnskab
physics	fysik
chemistry	kemi
art	kunst
English	engelsk
Latin	latin
Spanish	spansk
Mandarin	mandarin

Japanese	japansk
French	fransk
German	tysk
Arabic	arabisk
literature	litteratur
geography	geografi
mathematics	matematik
biology	biologi
physical education	idræt
economics	økonomi
philosophy	filosofi
politics	politik
geometry	geometri

Stationery

pen	(en) pen (penne)
pencil	(en) blyant (blyanter)
rubber	(et) viskelæder (viskelædere)
scissors	(en) saks (sakse)
ruler	(en) lineal (linealer)
hole puncher	(en) hulmaskine (hulmaskiner)
paperclip	(en) klips (klips)
ball pen	(en) kuglepen (kuglepenne)
glue	(en) lim (lime)
adhesive tape	(et) klisterbånd (klisterbånd)
stapler	(en) hæftemaskine (hæftemaskiner)
oil pastel	(en) oliepastel (oliepasteller)
ink	(et) blæk
coloured pencil	(en) farveblyant (farveblyanter)
pencil sharpener	(en) blyantspidser (blyantspidsere)
pencil case	(et) penalhus (penalhuse)

Mathematics

result	resultat
addition	addition
subtraction	subtraktion
multiplication	multiplikation
division	division
fraction	brøk
numerator	tæller
denominator	nævner
arithmetic	aritmetik
equation	ligning
first	første
second (2nd)	anden
third	tredje
fourth	fjerde
millimeter	millimeter
centimeter	centimeter
decimeter	decimeter
yard	yard
meter	meter
mile	mil
square meter	kvadratmeter
cubic meter	kubikmeter
foot	fod
inch	tomme
0%	nul procent
100%	hundred procent
3%	tre procent

Geometry

circle	(en) cirkel (cirkler)
square (shape)	(en) firkant (firkanter)

84

triangle	(en) **trekant** (trekanter)
height	(en) **højde** (højder)
width	(en) **bredde** (bredder)
vector	(en) **vektor** (vektorer)
diagonal	(en) **diagonal** (diagonaler)
radius	(en) **radius** (radier)
tangent	(en) **tangent** (tangenter)
ellipse	(en) **ellipse** (ellipser)
rectangle	(et) **rektangel** (rektangler)
rhomboid	(et) **parallelogram** (parallelogrammer)
octagon	(en) **oktagon** (oktagoner)
hexagon	(en) **sekskant** (sekskanter)
rhombus	(en) **rombe** (romber)
trapezoid	(en) **trapez** (trapezer)
cone	(en) **kegle** (kegler)
cylinder	(en) **cylinder** (cylindre)
cube	(en) **kube** (kuber)
pyramid	(en) **pyramide** (pyramider)
straight line	(en) **ret linje** (rette linjer)
right angle	(en) **ret vinkel** (rette vinkler)
angle	(en) **vinkel** (vinkler)
curve	(en) **kurve** (kurver)
volume	(en) **volumen** (volumener)
area	(et) **areal** (arealer)
sphere	(en) **kugle** (kugler)

Science

gram	(et) **gram** (gram)
kilogram	(et) **kilogram** (kilogram)
ton	(et) **ton** (ton)
liter	(en) **liter** (liter)

volt	(en) volt (volt)
watt	(en) watt (watt)
ampere	(en) ampere (ampere)
laboratory	(et) laboratorium (laboratorier)
funnel	(en) tragt (tragte)
Petri dish	(en) petriskål (petriskåle)
microscope	(et) mikroskop (mikroskoper)
magnet	(en) magnet (magneter)
pipette	(en) pipette (pipetter)
filter	(et) filter (filtre)
pound	(et) pund (pund)
ounce	(en) unse (unser)
milliliter	(en) milliliter (milliliter)
force	(en) kraft (kræfter)
gravity	(en) tyngdekraft (tyngdekræfter)
theory of relativity	(en) relativitetsteori

University

lecture	(et) foredrag (foredrag)
canteen	(en) kantine (kantiner)
scholarship	(et) stipendium (stipendier)
graduation ceremony	(en) dimissionsfest (dimissionsfester)
lecture theatre	(et) auditorium (auditorier)
bachelor	(en) bachelor (bachelorer)
master	(en) master (mastere)
PhD	(en) ph.d. (ph.d.er)
diploma	(et) eksamensbevis (eksamensbeviser)
degree	(en) grad (grader)
thesis	(en) afhandling (afhandlinger)
research	(en) forskning (forskninger)
business school	(en) handelsskole (handelsskoler)

Characters

full stop	punktum
question mark	(et) spørgsmålstegn (spørgsmålstegn)
exclamation mark	(et) udråbstegn (udråbstegn)
space	(et) mellemrum (mellemrum)
colon	(et) kolon (koloner)
comma	(et) komma (kommaer)
hyphen	(en) bindestreg (bindestreger)
underscore	(en) understregning (understregninger)
apostrophe	(en) apostrof (apostroffer)
semicolon	(et) semikolon (semikoloner)
()	(en) parentes (parenteser)
/	(en) skråstreg (skråstreger)
&	og
...	et cetera
1 + 2	en plus to
2 x 3	to gange tre
3 - 2	tre minus to
1 + 1 = 2	en plus en er to
4 / 2	fire divideret med to
4^2	fire i anden potens
6^3	seks i tredje potens
3 to the power of 5	tre i femte potens
3.4	tre komma fire
www.pinhok.com	www dot pinhok dot com
contact@pinhok.com	kontakt på pinhok dot com
x < y	x er mindre end y
x > y	x er større end y
x >= y	x er større end eller lig med y
x <= y	x er mindre end eller lig med y

Nature

Elements

fire (general)	ild
soil	jord
ash	aske
sand	sand
coal	kul
diamond	diamant
clay	ler
chalk	kalk
limestone	kalksten
granite	granit
ruby	rubin
opal	opal
jade	jade
sapphire	safir
quartz	kvarts
calcite	calcit
graphite	grafit
lava	lava
magma	magma

Universe

planet	(en) planet (planeter)
star	(en) stjerne (stjerner)
sun	(en) sol (sole)
earth	jorden
moon	(en) måne (måner)
rocket	(en) raket (raketter)
Mercury	Merkur

Venus	Venus
Mars	Mars
Jupiter	Jupiter
Saturn	Saturn
Neptune	Neptun
Uranus	Uranus
Pluto	Pluto
comet	(en) komet (kometer)
asteroid	(en) asteroide (asteroider)
galaxy	(en) galakse (galakser)
Milky Way	Mælkevejen
lunar eclipse	(en) måneformørkelse (måneformørkelser)
solar eclipse	(en) solformørkelse (solformørkelser)
meteorite	(en) meteorit (meteoritter)
black hole	(et) sort hul (sorte huller)
satellite	(en) satellit (satellitter)
space station	(en) rumstation (rumstationer)
space shuttle	(et) rumskib (rumskibe)
telescope	(et) teleskop (teleskoper)

Earth (1)

equator	ækvator
North Pole	Nordpolen
South Pole	Sydpolen
tropics	troperne
northern hemisphere	nordlige halvkugle
southern hemisphere	sydlige halvkugle
longitude	længdegrad
latitude	breddegrad
Pacific Ocean	Stillehavet
Atlantic Ocean	Atlanterhavet
Mediterranean Sea	Middelhavet

Black Sea	Sortehavet
Sahara	Sahara
Himalayas	Himalaya
Indian Ocean	Det Indiske Ocean
Red Sea	Det Røde Hav
Amazon	Amazonas
Andes	Andesbjergene
continent	(et) kontinent (kontinenter)

Earth (2)

sea	(et) hav (have)
island	(en) ø (øer)
mountain	(et) bjerg (bjerge)
river	(en) flod (floder)
forest	(en) skov (skove)
desert (dry place)	(en) ørken (ørkener)
lake	(en) sø (søer)
volcano	(en) vulkan (vulkaner)
cave	(en) hule (huler)
pole	(en) pol (poler)
ocean	(et) ocean (oceaner)
peninsula	(en) halvø (halvøer)
atmosphere	(en) atmosfære (atmosfærer)
earth's crust	jordens skorpe
earth's core	jordens kerne
mountain range	(en) bjergkæde (bjergkæder)
crater	(et) krater (kratere)
earthquake	(et) jordskælv (jordskælv)
tidal wave	(en) flodbølge (flodbølger)
glacier	(en) gletsjer (gletsjere)
valley	(en) dal (dale)

slope	(en) **skråning** (skråninger)
shore	(en) **kyst** (kyster)
waterfall	(et) **vandfald** (vandfald)
rock (stone)	(en) **sten** (sten)
hill	(en) **bakke** (bakker)
canyon	(en) **kløft** (kløfter)
marsh	(en) **mose** (moser)
rainforest	(en) **regnskov** (regnskove)
stream	(et) **vandløb** (vandløb)
geyser	(en) **gejser** (gejsere)
coast	(en) **kyst** (kyster)
cliff	(en) **klippe** (klipper)
coral reef	(et) **koralrev** (koralreve)
aurora	(et) **nordlys** (nordlys)

Weather

rain	(en) **regn**
snow	(en) **sne**
ice	(en) **is** (is)
wind	(en) **vind** (vinde)
storm	(en) **storm** (storme)
cloud	(en) **sky** (skyer)
thunderstorm	(et) **tordenvejr** (tordenvejr)
lightning	(et) **lyn** (lyn)
thunder	(en) **torden**
sunshine	(et) **solskin**
hurricane	(en) **orkan** (orkaner)
typhoon	(en) **tyfon** (tyfoner)
temperature	(en) **temperatur** (temperaturer)
humidity	(en) **fugtighed** (fugtigheder)
air pressure	(et) **lufttryk** (lufttryk)

rainbow	(en) regnbue (regnbuer)
fog	(en) tåge (tåger)
flood	(en) oversvømmelse (oversvømmelser)
monsoon	(en) monsun (monsuner)
tornado	(en) tornado (tornadoer)
centigrade	celsius
Fahrenheit	fahrenheit
-2 °C	minus to grader celsius
0 °C	nul grader celsius
12 °C	tolv grader celsius
-4 °F	minus fire grader fahrenheit
0 °F	nul grader fahrenheit
30 °F	tredive grader fahrenheit

Trees

tree	(et) træ (træer)
trunk	(en) stamme (stammer)
root	(en) rod (rødder)
leaf	(et) blad (blade)
branch	(en) gren (grene)
bamboo (plant)	(en) bambus (bambusser)
oak	(en) eg (ege)
eucalyptus	(et) eukalyptustræ (eukalyptustræer)
pine	(et) fyrretræ (fyrretræer)
birch	(en) birk (birke)
larch	(en) lærk (lærke)
beech	(en) bøg (bøge)
palm tree	(en) palme (palmer)
maple	(en) ahorn (ahorn)
willow	(et) piletræ (piletræer)

Plants

flower	(en) blomst (blomster)
grass	(et) græs (græsser)
cactus	(en) kaktus (kaktusser)
stalk	(en) stilk (stilke)
blossom	(en) blomst (blomster)
seed	(et) frø (frø)
petal	(et) kronblad (kronblade)
nectar	(en) nektar (nektarer)
sunflower	(en) solsikke (solsikker)
tulip	(en) tulipan (tulipaner)
rose	(en) rose (roser)
daffodil	(en) påskelilje (påskeliljer)
dandelion	(en) mælkebøtte (mælkebøtter)
buttercup	(en) ranunkel (ranunkler)
reed	(et) siv (siv)
fern	(en) bregne (bregner)
weed	(et) ukrudt
bush	(en) busk (buske)
acacia	(en) akacie (akacier)
daisy	(en) marguerit (margueritter)
iris	(en) iris (iriser)
gladiolus	(en) gladiolus (gladioluser)
clover	(en) kløver (kløvere)
seaweed	(en) tang

Chemistry

gas	(en) gas (gasser)
fluid	(en) væske (væsker)
solid	(en) fast form (faste former)

atom	(et) atom (atomer)
metal	(et) metal (metaller)
plastic	plast
atomic number	(et) atomnummer (atomnumre)
electron	(en) elektron (elektroner)
neutron	(en) neutron (neutroner)
proton	(en) proton (protoner)
non-metal	(et) ikkemetal (ikkemetaller)
metalloid	(et) halvmetal (halvmetaller)
isotope	(en) isotop (isotoper)
molecule	(et) molekyle (molekyler)
ion	(en) ion (ioner)
chemical reaction	(en) kemisk reaktion (kemiske reaktioner)
chemical compound	(en) kemisk forbindelse (kemiske forbindelser)
chemical structure	(en) kemisk struktur (kemiske strukturer)
periodic table	(et) periodisk system
carbon dioxide	carbondioxid
carbon monoxide	carbonmonoxid
methane	metan

Periodic Table (1)

hydrogen	brint
helium	helium
lithium	lithium
beryllium	beryllium
boron	bor
carbon	carbon
nitrogen	kvælstof
oxygen	ilt
fluorine	fluor
neon	neon

sodium	natrium
magnesium	magnesium
aluminium	aluminium
silicon	silicium
phosphorus	fosfor
sulphur	svovl
chlorine	klor
argon	argon
potassium	kalium
calcium	calcium
scandium	scandium
titanium	titan
vanadium	vanadium
chromium	krom
manganese	mangan
iron	jern
cobalt	kobolt
nickel	nikkel
copper	kobber
zinc	zink
gallium	gallium
germanium	germanium
arsenic	arsen
selenium	selen
bromine	brom
krypton	krypton
rubidium	rubidium
strontium	strontium
yttrium	yttrium
zirconium	zirconium

Periodic Table (2)

niobium	niobium
molybdenum	molybdæn
technetium	technetium
ruthenium	ruthenium
rhodium	rhodium
palladium	palladium
silver	sølv
cadmium	cadmium
indium	indium
tin	tin
antimony	antimon
tellurium	tellur
iodine	jod
xenon	xenon
caesium	cæsium
barium	barium
lanthanum	lanthan
cerium	cerium
praseodymium	praseodym
neodymium	neodym
promethium	promethium
samarium	samarium
europium	europium
gadolinium	gadolinium
terbium	terbium
dysprosium	dysprosium
holmium	holmium
erbium	erbium
thulium	thulium
ytterbium	ytterbium
lutetium	lutetium

hafnium	hafnium
tantalum	tantal
tungsten	wolfram
rhenium	rhenium
osmium	osmium
iridium	iridium
platinum	platin
gold	guld
mercury	kviksølv

Periodic Table (3)

thallium	thallium
lead	bly
bismuth	bismuth
polonium	polonium
astatine	astat
radon	radon
francium	francium
radium	radium
actinium	actinium
thorium	thorium
protactinium	protactinium
uranium	uran
neptunium	neptunium
plutonium	plutonium
americium	americium
curium	curium
berkelium	berkelium
californium	californium
einsteinium	einsteinium
fermium	fermium
mendelevium	mendelevium

nobelium	nobelium
lawrencium	lawrencium
rutherfordium	rutherfordium
dubnium	dubnium
seaborgium	seaborgium
bohrium	bohrium
hassium	hassium
meitnerium	meitnerium
darmstadtium	darmstadtium
roentgenium	røntgenium
copernicium	copernicium
ununtrium	nihonium
flerovium	flerovium
ununpentium	moscovium
livermorium	livermorium
ununseptium	tennessin
ununoctium	oganesson

Clothes

Shoes

flip-flops	klipklapper
high heels	høje hæle
trainers	kondisko
wellington boots	gummistøvler
sandals	sandaler
leather shoes	lædersko
heel	(en) hæl (hæle)
sole	(en) sål (såle)
lace	(et) snørebånd (snørebånd)
slippers	hjemmesko
bathroom slippers	badetøfler
football boots	fodboldstøvler
skates	skøjter
hiking boots	vandrestøvler
ballet shoes	balletsko
dancing shoes	dansesko

Clothes

T-shirt	(en) T-shirt (T-shirts)
shorts	(et par) shorts
trousers	(et par) bukser
jeans	(et par) jeans
sweater	(en) sweater (sweatere)
shirt	(en) skjorte (skjorter)
suit	(et) jakkesæt (jakkesæt)
dress	(en) kjole (kjoler)
skirt	(en) nederdel (nederdele)
coat	(en) frakke (frakker)

anorak	(en) anorak (anorakker)
jacket	(en) jakke (jakker)
leggings	leggings
sweatpants	(et par) joggingbukser
tracksuit	(en) træningsdragt (træningsdragter)
polo shirt	(en) polo skjorte (polo skjorter)
jersey	(en) fodboldtrøje (fodboldtrøjer)
diaper	(en) ble (bleer)
wedding dress	(en) brudekjole (brudekjoler)
bathrobe	(en) badekåbe (badekåber)
cardigan	(en) cardigan (cardigans)
blazer	(en) blazer (blazere)
raincoat	(en) regnjakke (regnjakker)
evening dress	(en) aftenkjole (aftenkjoler)
ski suit	(en) skidragt (skidragter)
space suit	(en) rumdragt (rumdragter)

Underwear

bra	(en) bh (bh'er)
thong	(en) g-streng (g-strenge)
panties	(en) trusse (trusser)
underpants	(et par) underbukser
undershirt	(en) undertrøje (undertrøjer)
sock	(en) sok (sokker)
pantyhose	(et par) strømpebukser
stocking	(en) strømpe (strømper)
thermal underwear	termoundertøj
pyjamas	(en) pyjamas (pyjamaser)
jogging bra	(en) sports bh (sports bh'er)
negligee	(en) negligé (negligéer)
little black dress	(en) lille sort kjole (små sorte kjoler)

nightie	(en) natkjole (natkjoler)
lingerie	lingeri

Accessory

glasses	(et par) briller
sunglasses	(et par) solbriller
umbrella	(en) paraply (paraplyer)
ring	(en) ring (ringe)
earring	(en) ørering (øreringe)
wallet	(en) tegnebog (tegnebøger)
watch	(et) armbåndsur (armbåndsure)
belt	(et) bælte (bælter)
handbag	(en) håndtaske (håndtasker)
glove	(en) handske (handsker)
scarf	(et) halstørklæde (halstørklæder)
hat	(en) hat (hatte)
necklace	(en) halskæde (halskæder)
purse	(en) pung (punge)
knit cap	(en) strikket hue (strikkede huer)
tie	(et) slips (slips)
bow tie	(en) butterfly (butterflys)
baseball cap	(en) kasket (kasketter)
brooch	(en) broche (brocher)
bracelet	(et) armbånd (armbånd)
pearl necklace	(en) perlehalskæde (perlehalskæder)
briefcase	(en) mappe (mapper)
contact lens	(en) kontaktlinse (kontaktlinser)
sun hat	(en) solhat (solhatte)
sleeping mask	(en) sovemaske (sovemasker)
earplug	(en) øreprop (ørepropper)
tattoo	(en) tatovering (tatoveringer)

bib	(en) hagesmæk (hagesmække)
shower cap	(en) badehætte (badehætter)
medal	(en) medalje (medaljer)
crown	(en) krone (kroner)

Sport

helmet	(en) hjelm (hjelme)
boxing glove	(en) boksehandske (boksehandsker)
fin	(en) svømmefod (svømmefødder)
swim trunks	(et par) badebukser
bikini	(en) bikini (bikinier)
swimsuit	(en) badedragt (badedragter)
shinpad	(en) benskinne (benskinner)
sweatband	(et) svedbånd (svedbånd)
swim goggles	(et par) svømmebriller
swim cap	(en) svømmehætte (svømmehætter)
wetsuit	(en) våddragt (våddragter)
diving mask	(en) dykkermaske (dykkermasker)

Hairstyle

curly	krøllet
straight (hair)	glat
bald head	skaldet
blond	blond
brunette	mørkhåret
ginger	rødhåret
scrunchy	(en) hårelastik (hårelastikker)
barrette	(et) hårspænde (hårspænder)
dreadlocks	dreadlocks
hair straightener	(et) glattejern (glattejern)
dandruff	skæl

dyed	farvet
wig	(en) paryk (parykker)
ponytail	(en) hestehale (hestehaler)

Others

button	(en) knap (knapper)
zipper	(en) lynlås (lynlåse)
pocket	(en) lomme (lommer)
sleeve	(et) ærme (ærmer)
collar	(en) krave (kraver)
tape measure	(et) målebånd (målebånd)
mannequin	(en) mannequin (mannequiner)
cotton	bomuld
fabric	(et) stof (stoffer)
silk	silke
nylon	nylon
polyester	polyester
wool	uld
dress size	(en) kjole størrelse (kjole størrelser)
changing room	(et) prøverum (prøverum)

Chemist

Women

perfume	(en) parfume (parfumer)
tampon	(en) tampon (tamponer)
panty liner	(et) trusseindlæg (trusseindlæg)
face mask	(en) ansigtsmaske (ansigtsmasker)
sanitary towel	(et) hygiejnebind (hygiejnebind)
curling iron	(et) krøllejern (krøllejern)
antiwrinkle cream	(en) anti-rynkecreme (anti-rynkecremer)
pedicure	(en) pedicure
manicure	(en) manicure

Men

razor	(en) skraber (skrabere)
shaving foam	(et) barberskum
shaver	(en) barbermaskine (barbermaskiner)
condom	(et) kondom (kondomer)
shower gel	(en) brusegel
nail clipper	(en) negleklipper (negleklippere)
aftershave	(en) aftershave (aftershaver)
lubricant	(en) glidecreme (glidecremer)
hair gel	(en) hårgelé
nail scissors	(en) neglesaks (neglesakse)
lip balm	(en) læbepomade (læbepomader)
razor blade	(et) barberblad (barberblade)

Daily Use

toothbrush	(en) tandbørste (tandbørster)
toothpaste	(en) tandpasta (tandpastaer)

comb	(en) kam (kamme)
tissue	(et) lommetørklæde (lommetørklæder)
cream (pharmaceutical)	(en) creme (cremer)
shampoo	(en) shampoo (shampooer)
brush (for cleaning)	(en) børste (børster)
body lotion	(en) bodylotion (bodylotioner)
face cream	(en) ansigtscreme (ansigtscremer)
sunscreen	(en) solcreme (solcremer)
insect repellent	(en) myggebalsam (myggebalsam)

Cosmetics

lipstick	(en) læbestift (læbestifter)
mascara	(en) mascara (mascaraer)
nail polish	(en) neglelak (neglelakker)
foundation	(en) foundation (foundations)
nail file	(en) neglefil (neglefile)
eye shadow	(en) øjenskygge (øjenskygger)
eyeliner	(en) eyeliner (eyeliners)
eyebrow pencil	(en) øjenbrynsblyant (øjenbrynsblyanter)
facial toner	(en) skintonic (skintonic)
nail varnish remover	(en) neglelakfjerner (neglelakfjernere)
tweezers	(en) pincet (pincetter)
lip gloss	(en) lipgloss (lipgloss)
concealer	(en) concealer (concealere)
face powder	(et) pudder (puddere)
powder puff	(en) pudderkvast (pudderkvaste)

City

Shopping

bill	(en) regning (regninger)
cash register	(et) kasseapparat (kasseapparater)
basket	(en) kurv (kurve)
market	(et) marked (markeder)
supermarket	(et) supermarked (supermarkeder)
pharmacy	(et) apotek (apoteker)
furniture store	(en) møbelbutik (møbelbutikker)
toy shop	(en) legetøjsbutik (legetøjsbutikker)
shopping mall	(et) indkøbscenter (indkøbscentre)
sports shop	(en) sportsbutik (sportsbutikker)
fish market	(et) fiskemarked (fiskemarkeder)
fruit merchant	(en) frugthandler (frugthandlere)
bookshop	(en) boghandel (boghandler)
pet shop	(en) dyrehandel (dyrehandler)
second-hand shop	(en) genbrugsbutik (genbrugsbutikker)
pedestrian area	(en) gågade (gågader)
square	(et) torv (torve)
shopping cart	(en) indkøbsvogn (indkøbsvogne)
bar code	(en) stregkode (stregkoder)
bargain	(et) godt køb (gode køb)
shopping basket	(en) indkøbskurv (indkøbskurve)
warranty	(en) garanti (garantier)
bar code scanner	(en) stregkodescanner (stregkodescannere)

Buildings

house	(et) hus (huse)
apartment	(en) lejlighed (lejligheder)

skyscraper	(en) skyskraber (skyskrabere)
hospital	(et) hospital (hospitaler)
farm	(en) gård (gårde)
factory	(en) fabrik (fabrikker)
kindergarten	(en) børnehave (børnehaver)
school	(en) skole (skoler)
university	(et) universitet (universiteter)
post office	(et) postkontor (postkontorer)
town hall	(et) rådhus (rådhuse)
warehouse	(et) lager (lagre)
church	(en) kirke (kirker)
mosque	(en) moske (moskeer)
temple	(et) tempel (templer)
synagogue	(en) synagoge (synagoger)
embassy	(en) ambassade (ambassader)
cathedral	(en) katedral (katedraler)
ruin	(en) ruin (ruiner)
castle	(et) slot (slotte)

Leisure

bar	(en) bar (barer)
restaurant	(en) restaurant (restauranter)
gym	(et) fitnesscenter (fitnesscentre)
park	(en) park (parker)
bench	(en) bænk (bænke)
fountain	(et) springvand (springvand)
tennis court	(en) tennisbane (tennisbaner)
swimming pool (building)	(en) svømmehal (svømmehaller)
football stadium	(et) fodboldstadion (fodboldstadioner)
golf course	(en) golfbane (golfbaner)
ski resort	(et) skisportssted (skisportssteder)

botanic garden	(en) **botanisk have** (botaniske haver)
ice rink	(en) **skøjtebane** (skøjtebaner)
night club	(en) **natklub** (natklubber)

Tourism

museum	(et) **museum** (museer)
casino	(et) **kasino** (kasinoer)
tourist information	(en) **turistinformation** (turistinformationer)
toilet (public)	(et) **toilet** (toiletter)
map	(et) **kort** (kort)
souvenir	(en) **souvenir** (souvenirer)
promenade	(en) **promenade** (promenader)
tourist attraction	(en) **turistattraktion** (turistattraktioner)
tourist guide	(en) **turistguide** (turistguider)
monument	(et) **monument** (monumenter)
national park	(en) **nationalpark** (nationalparker)
art gallery	(et) **kunstgalleri** (kunstgallerier)

Infrastructure

alley	(en) **gyde** (gyder)
manhole cover	(et) **kloakdæksel** (kloakdæksler)
dam	(en) **dæmning** (dæmninger)
power line	(en) **højspændingsledning** (højspændingsledninger)
sewage plant	(et) **rensningsanlæg** (rensningsanlæg)
avenue	(en) **allé** (alléer)
hydroelectric power station	(et) **vandkraftværk** (vandkraftværker)
nuclear power plant	(et) **atomkraftværk** (atomkraftværker)
wind farm	(en) **vindmøllepark** (vindmølleparker)

Construction

hammer	(en) hammer (hammere)
nail	(et) søm (søm)
pincers	(en) knibtang (knibtange)
screwdriver	(en) skruetrækker (skruetrækkere)
drilling machine	(en) boremaskine (boremaskiner)
tape measure	(et) målebånd (målebånd)
brick	(en) mursten (murstene)
putty	(en) spatel (spartler)
scaffolding	(et) stillads (stilladser)
spirit level	(et) vaterpas (vaterpasser)
utility knife	(en) hobbykniv (hobbyknive)
screw wrench	(en) skruenøgle (skruenøgler)
file	(en) fil (file)
smoothing plane	(en) høvl (høvle)
safety glasses	(et par) sikkerhedsbriller
wire	(en) wire (wirer)
handsaw	(en) håndsav (håndsave)
insulating tape	(et) isoleringsbånd (isoleringsbånd)
cement	(en) cement
inking roller	(en) malerrulle (malerruller)
paint	(en) maling (malinger)
pallet	(en) palle (paller)
cement mixer	(en) cementblander (cementblandere)
steel beam	(en) stålbjælke (stålbjælker)
roof tile	(en) tagsten (tagstene)
wooden beam	(en) træbjælke (træbjælker)
concrete	(en) beton
asphalt	(en) asfalt
tar	(en) tjære
crane	(en) kran (kraner)

| steel | (et) stål (stål) |
| varnish | (en) lak |

Kids

slide	(en) rutsjebane (rutsjebaner)
swing	(en) gynge (gynger)
playground	(en) legeplads (legepladser)
zoo	(en) zoo (zooer)
roller coaster	(en) rutsjebane (rutsjebaner)
water slide	(en) vandrutsjebane (vandrutsjebaner)
sandbox	(en) sandkasse (sandkasser)
fairground	(et) tivoli (tivolier)
theme park	(en) temapark (temaparker)
water park	(et) vandland (vandlande)
aquarium	(et) akvarium (akvarier)
carousel	(en) karrusel (karruseller)

Ambulance

ambulance	(en) ambulance (ambulancer)
police	(et) politi
firefighters	(et) brandvæsen (brandvæsener)
helmet	(en) hjelm (hjelme)
fire extinguisher	(en) brandslukker (brandslukkere)
fire (emergency)	(en) brand (brande)
emergency exit (in building)	(en) nødudgang (nødudgange)
handcuff	(et) håndjern (håndjern)
gun	(en) pistol (pistoler)
police station	(en) politistation (politistationer)
hydrant	(en) brandhane (brandhaner)
fire alarm	(en) brandalarm (brandalarmer)

fire station	(en) brandstation (brandstationer)
fire truck	(en) brandbil (brandbiler)
siren	(en) sirene (sirener)
warning light	(et) advarselslys (advarselslys)
police car	(en) politibil (politibiler)
uniform	(en) uniform (uniformer)
baton	(en) knippel (knipler)

More

village	(en) landsby (landsbyer)
suburb	(en) forstad (forstæder)
state	(en) stat (stater)
colony	(en) koloni (kolonier)
region	(en) region (regioner)
district	(et) distrikt (distrikter)
territory	(et) område (områder)
province	(en) provins (provinser)
country	(et) land (lande)
capital	(en) hovedstad (hovedstæder)
metropolis	(en) storby (storbyer)
central business district (CBD)	(et) forretningskvarter (forretningskvarterer)
industrial district	(et) industriområde (industriområder)

Health

Hospital

patient	(en) patient (patienter)
visitor	(en) besøgende (besøgende)
surgery	(en) kirurgi
waiting room	(et) venteværelse (venteværelser)
outpatient	(en) ambulant (ambulante)
clinic	(en) klinik (klinikker)
visiting hours	(en) besøgstid (besøgstider)
intensive care unit	(en) intensivafdeling (intensivafdelinger)
emergency room	(en) skadestue (skadestuer)
appointment	(en) aftale (aftaler)
operating theatre	(en) operationsstue (operationsstuer)
canteen	(en) kantine (kantiner)

Medicine

pill	(en) pille (piller)
capsule	(en) kapsel (kapsler)
infusion	(en) infusion (infusioner)
inhaler	(en) inhalator (inhalatorer)
nasal spray	(en) næsespray (næsespray)
painkiller	(en) smertestillende medicin
Chinese medicine	(en) kinesisk medicin (kinesiske mediciner)
antibiotics	(et) antibiotikum (antibiotika)
antiseptic	(et) antiseptisk middel
vitamin	(et) vitamin (vitaminer)
powder	(et) pulver (pulvere)
insulin	(en) insulin (insuliner)
side effect	(en) bivirkning (bivirkninger)

cough syrup	(en) hostesaft (hostesafter)
dosage	(en) dosis (doser)
expiry date	(en) udløbsdato (udløbsdatoer)
sleeping pill	(en) sovepille (sovepiller)
aspirin	(en) aspirin (aspiriner)

Disease

virus	(en) virus (virusser)
bacterium	(en) bakterie (bakterier)
flu	(en) influenza (influenzaer)
diarrhea	diarre
heart attack	(et) hjerteanfald (hjerteanfald)
asthma	astma
rash	(et) udslæt (udslæt)
chickenpox	skoldkopper
nausea	kvalme
cancer	kræft
stroke	(et) slagtilfælde (slagtilfælde)
diabetes	sukkersyge
epilepsy	epilepsi
measles	mæslinger
mumps	fåresyge
migraine	(en) migræne (migræner)

Discomfort

cough	(en) hoste
fever	(en) feber
headache	(en) hovedpine
stomach ache	(en) mavepine
sunburn	(en) solskoldning
cold (sickness)	(en) forkølelse

nosebleed	(et) næseblod
cramp	(en) krampe (kramper)
eczema	(et) eksem (eksemer)
high blood pressure	(et) højt blodtryk
infection	(en) infektion (infektioner)
allergy	(en) allergi (allergier)
hay fever	(en) høfeber
sore throat	ondt i halsen
poisoning	(en) forgiftning
toothache	(en) tandpine
caries	(en) caries
hemorrhoid	(en) hæmoride (hæmorider)

Tools

needle	(en) nål (nåle)
syringe (tool)	(en) sprøjte (sprøjter)
bandage	(en) bandage (bandager)
plaster	(et) plaster (plastre)
cast	(en) gips bandage (gips bandager)
crutch	(en) krykke (krykker)
wheelchair	(en) kørestol (kørestole)
fever thermometer	(et) feber termometer (feber termometre)
dental brace	(en) tandbøjle (tandbøjler)
neck brace	(en) halskrave (halskraver)
stethoscope	(et) stetoskop (stetoskoper)
CT scanner	(en) CT-scanner (CT-scannere)
catheter	(et) kateter (katetre)
scalpel	(en) skalpel (skalpeller)
respiratory machine	(en) respirator (respiratorer)
blood test	(en) blodprøve (blodprøver)
ultrasound machine	(en) ultralydsmaskine (ultralydsmaskiner)

X-ray photograph	(et) røntgenbillede (røntgenbilleder)
dental prostheses	(en) tandprotese (tandproteser)
dental filling	(en) tandfyldning (tandfyldninger)
spray	(en) spray (spray)
magnetic resonance imaging	(en) MR scanning (MR scanninger)

Accident

injury	(en) skade (skader)
accident	(en) ulykke (ulykker)
wound	(et) sår (sår)
pulse	(en) puls (pulse)
fracture	(et) knoglebrud (knoglebrud)
bruise	(et) blåt mærke (blå mærker)
burn	(en) forbrænding (forbrændinger)
bite	(et) bid (bid)
electric shock	(et) elektrisk stød (elektriske stød)
suture	(en) sutur (suturer)
concussion	(en) hjernerystelse (hjernerystelser)
head injury	(en) hovedskade (hovedskader)
emergency	(en) nødsituation (nødsituationer)

Departments

cardiology	kardiologi
orthopaedics	ortopædi
gynaecology	gynækologi
radiology	radiologi
dermatology	dermatologi
paediatrics	pædiatri
psychiatry	psykiatri
surgery	kirurgi
urology	urologi

neurology	neurologi
endocrinology	endokrinologi
pathology	patologi
oncology	onkologi

Therapy

massage	massage
meditation	meditation
acupuncture	akupunktur
physiotherapy	fysioterapi
hypnosis	hypnose
homoeopathy	homøopati
aromatherapy	aromaterapi
group therapy	gruppeterapi
psychotherapy	psykoterapi
feng shui	feng shui
hydrotherapy	hydroterapi
behaviour therapy	adfærdsterapi
psychoanalysis	psykoanalyse
family therapy	familieterapi

Pregnancy

birth control pill	(en) P-pille (P-piller)
pregnancy test	(en) graviditetstest (graviditetstests)
foetus	(et) foster (fostre)
embryo	(en) embryo (embryoer)
womb	(en) livmoder (livmodere)
delivery	(en) fødsel (fødsler)
miscarriage	(en) ufrivillig abort (ufrivillige aborter)
cesarean	(et) kejsersnit (kejsersnit)
episiotomy	(en) episiotomi (episiotomier)

Business

Company

office	(et) **kontor** (kontorer)
meeting room	(et) **mødelokale** (mødelokaler)
business card	(et) **visitkort** (visitkort)
employee	(en) **medarbejder** (medarbejdere)
employer	(en) **arbejdsgiver** (arbejdsgivere)
colleague	(en) **kollega** (kollegaer)
staff	(et) **personale** (personaler)
salary	(en) **løn** (lønninger)
insurance	(en) **forsikring** (forsikringer)
department	(en) **afdeling** (afdelinger)
sales	(et) **salg** (salg)
marketing	(en) **markedsføring** (markedsføringer)
accounting	(et) **regnskab** (regnskaber)
legal department	(en) **juridisk afdeling** (juridiske afdelinger)
human resources	(en) **personaleafdeling** (personaleafdelinger)
IT	IT
stress	(en) **stress**
business dinner	(en) **forretningsmiddag** (forretningsmiddage)
business trip	(en) **forretningsrejse** (forretningsrejser)
tax	(en) **skat** (skatter)

Office

letter (post)	(et) **brev** (breve)
envelope	(en) **kuvert** (kuverter)
stamp	(et) **frimærke** (frimærker)
address	(en) **adresse** (adresser)
zip code	(et) **postnummer** (postnumre)

parcel	(en) pakke (pakker)
fax	(en) fax (faxer)
text message	(en) tekstbesked (tekstbeskeder)
voice message	(en) talebesked (talebeskeder)
bulletin board	(en) opslagstavle (opslagstavler)
flip chart	(en) flipover (flipovere)
projector	(en) projektor (projektorer)
rubber stamp	(et) gummistempel (gummistempler)
clipboard	(et) clipboard (clipboards)
folder (physical)	(en) mappe (mapper)
lecturer	(en) foredragsholder (foredragsholdere)
presentation	(en) præsentation (præsentationer)
note (information)	(et) notat (notater)

Jobs (1)

doctor	(en) læge (læger)
policeman	(en) politimand (politimænd)
firefighter	(en) brandmand (brandmænd)
nurse	(en) sygeplejerske (sygeplejersker)
pilot	(en) pilot (piloter)
stewardess	(en) stewardesse (stewardesser)
architect	(en) arkitekt (arkitekter)
manager	(en) manager (managers)
secretary	(en) sekretær (sekretærer)
general manager	(en) administrerende direktør (administrerende direktører)
director	(en) direktør (direktører)
chairman	(en) formand (formænd)
judge	(en) dommer (dommere)
assistant	(en) assistent (assistenter)
prosecutor	(en) anklager (anklagere)

lawyer	(en) advokat (advokater)
consultant	(en) konsulent (konsulenter)
accountant	(en) bogholder (bogholdere)
stockbroker	(en) børsmægler (børsmæglere)
librarian	(en) bibliotekar (bibliotekarer)
teacher	(en) lærer (lærere)
kindergarten teacher	(en) pædagog (pædagoger)
scientist	(en) videnskabsmand (videnskabsmænd)
professor	(en) professor (professorer)
physicist	(en) fysiker (fysikere)
programmer	(en) programmør (programmører)
politician	(en) politiker (politikere)
intern	(en) praktikant (praktikanter)
captain	(en) kaptajn (kaptajner)
entrepreneur	(en) entreprenør (entreprenører)
chemist	(en) kemiker (kemikere)
dentist	(en) tandlæge (tandlæger)
chiropractor	(en) kiropraktor (kiropraktorer)
detective	(en) detektiv (detektiver)
pharmacist	(en) farmaceut (farmaceuter)
vet	(en) dyrlæge (dyrlæger)
midwife	(en) jordemoder (jordemodere)
surgeon	(en) kirurg (kirurger)
physician	(en) læge (læger)
prime minister	(en) statsminister (statsministere)
minister	(en) minister (ministere)
president (of a state)	(en) præsident (præsidenter)

Jobs (2)

cook	(en) kok (kokke)
waiter	(en) tjener (tjenere)

barkeeper	(en) **bartender** (bartendere)
farmer	(en) **landmand** (landmænd)
lorry driver	(en) **lastbilchauffør** (lastbilchaufører)
train driver	(en) **lokomotivfører** (lokomotivførere)
hairdresser	(en) **frisør** (frisører)
butcher	(en) **slagter** (slagtere)
travel agent	(en) **rejsearrangør** (rejsearrangører)
real-estate agent	(en) **ejendomsmægler** (ejendomsmæglere)
jeweller	(en) **guldsmed** (guldsmede)
tailor	(en) **skrædder** (skræddere)
cashier	(en) **kassedame** (kassedamer)
postman	(et) **postbud** (postbude)
receptionist	(en) **receptionist** (receptionister)
construction worker	(en) **bygningsarbejder** (bygningsarbejdere)
carpenter	(en) **tømrer** (tømrere)
electrician	(en) **elektriker** (elektrikere)
plumber	(en) **blikkenslager** (blikkenslagere)
mechanic	(en) **mekaniker** (mekanikere)
cleaner	(en) **rengøringsassistent** (rengøringsassistenter)
gardener	(en) **gartner** (gartnere)
fisherman	(en) **fisker** (fiskere)
florist	(en) **blomsterhandler** (blomsterhandlere)
shop assistant	(en) **butiksassistent** (butiksassistenter)
optician	(en) **optiker** (optikere)
soldier	(en) **soldat** (soldater)
security guard	(en) **sikkerhedsvagt** (sikkerhedsvagter)
bus driver	(en) **buschauffør** (buschauffører)
taxi driver	(en) **taxachauffør** (taxachauffører)
conductor	(en) **konduktør** (konduktører)
apprentice	(en) **lærling** (lærlinge)

| landlord | (en) udlejer (udlejere) |
| bodyguard | (en) livvagt (livvagter) |

Jobs (3)

priest	(en) præst (præster)
nun	(en) nonne (nonner)
monk	(en) munk (munke)
photographer	(en) fotograf (fotografer)
coach (sport)	(en) træner (trænere)
cheerleader	(en) cheerleader (cheerleaders)
referee	(en) dommer (dommere)
reporter	(en) reporter (reportere)
actor	(en) skuespiller (skuespillere)
musician	(en) musiker (musikere)
conductor	(en) dirigent (dirigenter)
singer	(en) sanger (sangere)
artist	(en) kunstner (kunstnere)
designer	(en) designer (designere)
model	(en) model (modeller)
DJ	(en) DJ (DJ's)
tour guide	(en) tur guide (tur guider)
lifeguard	(en) livredder (livreddere)
physiotherapist	(en) fysioterapeut (fysioterapeuter)
masseur	(en) massør (massører)
anchor	(en) studievært (studieværter)
host	(en) vært (værter)
commentator	(en) kommentator (kommentatorer)
camera operator	(en) kameramand (kameramænd)
engineer	(en) ingeniør (ingeniører)
thief	(en) tyv (tyve)
criminal	(en) kriminel (kriminelle)

dancer	(en) danser (dansere)
journalist	(en) journalist (journalister)
prostitute	(en) prostitueret (prostituerede)
author	(en) forfatter (forfattere)
air traffic controller	(en) flyveleder (flyveledere)
director	(en) instruktør (instruktører)
mufti	(en) mufti (muftier)
rabbi	(en) rabbiner (rabbinere)

Technology

e-mail	(en) e-mail (e-mails)
telephone	(en) telefon (telefoner)
smartphone	(en) smartphone (smartphones)
e-mail address	(en) e-mailadresse (e-mailadresser)
website	(en) webside (websider)
telephone number	(et) telefonnummer (telefonnumre)
file	(en) fil (filer)
folder (computer)	(en) mappe (mapper)
app	(en) app (apps)
laptop	(en) bærbar (bærbare)
screen (computer)	(en) skærm (skærme)
printer	(en) printer (printere)
scanner	(en) scanner (scannere)
USB stick	(et) USB stik (USB stik)
hard drive	(en) harddisk (harddisks)
central processing unit (CPU)	(en) centralenhed (centralenheder)
random access memory (RAM)	(en) RAM
keyboard (computer)	(et) tastatur (tastaturer)
mouse (computer)	(en) mus (mus)
earphone	(en) høretelefon (høretelefoner)
mobile phone	(en) mobiltelefon (mobiltelefoner)

webcam	(et) webcam (webcams)
server	(en) server (servere)
network	(et) netværk (netværker)
browser	(en) browser (browsere)
inbox	(en) indbakke (indbakker)
url	(en) webadresse (webadresser)
icon	(et) ikon (ikoner)
scrollbar	(en) scrollbar (scrollbarer)
recycle bin	(en) papirkurv (papirkurve)
chat	(en) chat (chats)
social media	sociale medier
signal (of phone)	(et) signal (signaler)
database	(en) database (databaser)

Law

law	(en) lov (love)
fine	(en) bøde (bøder)
prison	(et) fængsel (fængsler)
court	(en) domstol (domstole)
jury	(et) nævningeting (nævningeting)
witness	(et) vidne (vidner)
defendant	(en) tiltalte (tiltalte)
case	(et) tilfælde (tilfælde)
evidence	(et) bevis (beviser)
suspect	(en) mistænkt (mistænkte)
fingerprint	(et) fingeraftryk (fingeraftryk)
paragraph	(en) paragraf (paragraffer)

Bank

money	penge

coin	(en) **mønt** (mønter)
note (money)	(en) **pengeseddel** (pengesedler)
credit card	(et) **kreditkort** (kreditkort)
cash machine	(en) **pengeautomat** (pengeautomater)
signature	(en) **underskrift** (underskrifter)
dollar	(en) **dollar** (dollar)
euro	(en) **euro** (euro)
pound	(et) **pund** (pund)
bank account	(en) **bankkonto** (bankkontoer)
password	(en) **adgangskode** (adgangskoder)
account number	(et) **kontonummer** (kontonumre)
amount	(et) **beløb** (beløb)
cheque	(en) **check** (checks)
customer	(en) **kunde** (kunder)
savings	(en) **opsparing** (opsparinger)
loan	(et) **lån** (lån)
interest	(en) **rente** (renter)
bank transfer	(en) **bankoverførsel** (bankoverførsler)
yuan	(en) **yuan** (yuan)
yen	(en) **yen** (yen)
krone	(en) **krone** (kroner)
dividend	(et) **udbytte** (udbytter)
share	(en) **aktie** (aktier)
share price	(en) **aktiekurs** (aktiekurser)
stock exchange	(en) **børs** (børser)
investment	(en) **investering** (investeringer)
portfolio	(en) **portefølje** (porteføljer)
profit	(en) **profit** (profitter)
loss	(et) **tab** (tab)

Things

Sport

basketball	(en) **basketbold** (basketbolde)
football	(en) **fodbold** (fodbolde)
goal	(et) **mål** (mål)
tennis racket	(en) **tennisketsjer** (tennisketsjere)
tennis ball	(en) **tennisbold** (tennisbolde)
net	(et) **net** (net)
cup (trophy)	(en) **pokal** (pokaler)
medal	(en) **medalje** (medaljer)
swimming pool (competition)	(en) **svømmebassin** (svømmebassiner)
football	(en) **amerikansk fodbold** (amerikanske fodbolde)
bat	(en) **baseballbat** (baseballbats)
mitt	(en) **baseballhandske** (baseballhandsker)
gold medal	(en) **guldmedalje** (guldmedaljer)
silver medal	(en) **sølvmedalje** (sølvmedaljer)
bronze medal	(en) **bronzemedalje** (bronzemedaljer)
shuttlecock	(en) **fjerbold** (fjerbolde)
golf club	(en) **golfkølle** (golfkøller)
golf ball	(en) **golfbold** (golfbolde)
stopwatch	(et) **stopur** (stopure)
trampoline	(en) **trampolin** (trampoliner)
boxing ring	(en) **boksering** (bokseringe)
mouthguard	(en) **tandbeskytter** (tandbeskyttere)
surfboard	(et) **surfbræt** (surfbrætter)
ski	(en) **ski** (ski)
ski pole	(en) **skistav** (skistave)
sledge	(en) **slæde** (slæder)
parachute	(en) **faldskærm** (faldskærme)

cue	(en) **kø** (køer)
bowling ball	(en) **bowlingkugle** (bowlingkugler)
snooker table	(et) **snookerbord** (snookerborde)
saddle	(en) **sadel** (sadler)
whip	(en) **pisk** (piske)
hockey stick	(en) **hockeystav** (hockeystave)
basket	(en) **basketkurv** (basketkurve)
world record	(en) **verdensrekord** (verdensrekorder)
table tennis table	(et) **bordtennisbord** (bordtennisborde)
puck	(en) **puck** (pucker)

Technology

robot	(en) **robot** (robotter)
radio	(en) **radio** (radioer)
loudspeaker	(en) **højtaler** (højtalere)
cable	(et) **kabel** (kabler)
plug	(et) **stik** (stik)
camera	(et) **kamera** (kameraer)
MP3 player	(en) **MP3 afspiller** (MP3 afspillere)
CD player	(en) **CD afspiller** (CD afspillere)
DVD player	(en) **DVD afspiller** (DVD afspillere)
record player	(en) **pladespiller** (pladespillere)
camcorder	(et) **videokamera** (videokameraer)
power	**strøm**
flat screen	(en) **fladskærm** (fladskærme)
flash	(en) **blitz** (blitz)
tripod	(et) **kamerastativ** (kamerastativer)
instant camera	(et) **instant kamera** (instant kameraer)
generator	(en) **generator** (generatorer)
digital camera	(et) **digitalkamera** (digitalkameraer)
walkie-talkie	(en) **walkie talkie** (walkie talkier)

Home

key	(en) **nøgle** (nøgler)
torch	(en) **lommelygte** (lommelygter)
candle	(et) **stearinlys** (stearinlys)
bottle	(en) **flaske** (flasker)
tin	(en) **dåse** (dåser)
vase	(en) **vase** (vaser)
present (gift)	(en) **gave** (gaver)
match	(en) **tændstik** (tændstikker)
lighter	(en) **lighter** (lightere)
key chain	(en) **nøglering** (nøgleringe)
water bottle	(en) **vandflaske** (vandflasker)
thermos jug	(en) **termokande** (termokander)
rubber band	(en) **elastik** (elastikker)
birthday party	(en) **fødselsdagsfest** (fødselsdagsfester)
birthday cake	(en) **fødselsdagskage** (fødselsdagskager)
pushchair	(en) **barnevogn** (barnevogne)
soother	(en) **sut** (sutter)
baby bottle	(en) **sutteflaske** (sutteflasker)
hot-water bottle	(en) **varmedunk** (varmedunke)
rattle	(en) **rangle** (rangler)
family picture	(et) **familiebillede** (familiebilleder)
jar	(en) **glasbeholder** (glasbeholdere)
bag	(en) **taske** (tasker)
package	(en) **pakke** (pakker)
plastic bag	(en) **plastikpose** (plastikposer)
picture frame	(en) **billedramme** (billedrammer)

Games

doll	(en) **dukke** (dukker)

dollhouse	(et) **dukkehus** (dukkehuse)
puzzle	(et) **puslespil** (puslespil)
dominoes	**domino**
Monopoly	**matador**
Tetris	**tetris**
bridge	**bridge**
darts	**dart**
card game	(et) **kortspil** (kortspil)
board game	(et) **brætspil** (brætspil)
backgammon	**backgammon**
draughts	**dam**

Others

cigarette	(en) **cigaret** (cigaretter)
cigar	(en) **cigar** (cigarer)
compass	(et) **kompas** (kompasser)
angel	(en) **engel** (engle)

Phrases

Personal

I	jeg
you (singular)	du
he	han
she	hun
we	vi
you (plural)	I
they	de
my dog	min hund
your cat	din kat
her dress	hendes kjole
his car	hans bil
our home	vores hjem
your team	jeres hold
their company	deres virksomhed
everybody	alle
together	sammen
other	andre

Common

and	og
or	eller
very	meget
all	alle
none	ingen
that	det
this	dette
not	ikke
more	mere

most	mest
less	mindre
because	fordi
but	men
already	allerede
again	igen
really	virkelig
if	hvis
although	selvom
suddenly	pludselig
then	så
actually	faktisk
immediately	straks
often	tit
always	altid
every	hver

Phrases

hi	hej
hello	hallo
good day	goddag
bye bye	hej hej
good bye	farvel
see you later	vi ses senere
please	vær venlig
thank you	tak
sorry	undskyld
no worries	intet problem
don't worry	bare rolig
take care	pas på
ok	ok
cheers	skål

welcome	velkommen
excuse me	undskyld mig
of course	selvfølgelig
I agree	jeg er enig
relax	slap af
doesn't matter	betyder ikke noget
I want this	jeg vil have dette
Come with me	Kom med mig
go straight	gå ligeud
turn left	drej til venstre
turn right	drej til højre

Questions

who	hvem
where	hvor
what	hvad
why	hvorfor
how	hvordan
which	hvilken
when	hvornår
how many?	hvor mange?
how much?	hvor meget?
How much is this?	Hvor meget koster dette?
Do you have a phone?	Har du en telefon?
Where is the toilet?	Hvor er toilettet?
What's your name?	Hvad hedder du?
Do you love me?	Elsker du mig?
How are you?	Hvordan går det?
Are you ok?	Er du okay?
Can you help me?	Kan du hjælpe mig?

Sentences

I like you	Jeg kan lide dig
I love you	Jeg elsker dig
I miss you	Jeg savner dig
I don't like this	Jeg kan ikke lide dette
I have a dog	Jeg har en hund
I know	Jeg ved det
I don't know	Jeg ved det ikke
I don't understand	Jeg forstår ikke
I want more	Jeg vil have mere
I want a cold coke	Jeg vil have en kold cola
I need this	Jeg har brug for dette
I want to go to the cinema	Jeg vil gerne i biografen
I am looking forward to seeing you	Jeg glæder mig til at se dig
Usually I don't eat fish	Normalt spiser jeg ikke fisk
You definitely have to come	Du skal helt sikkert komme
This is quite expensive	Dette er ret dyrt
Sorry, I'm a little late	Undskyld, jeg er lidt forsinket
My name is David	Mit navn er David
I'm David, nice to meet you	Jeg hedder David, hyggeligt at møde dig
I'm 22 years old	Jeg er 22 år
This is my girlfriend Anna	Dette er min kæreste Anna
Let's watch a film	Lad os se en film
Let's go home	Lad os gå hjem
My telephone number is one four three two eight seven five four three	Mit telefonnummer er en fire tre to otte syv fem fire tre
My email address is david at pinhok dot com	Min e-mailadresse er david snabel-A pinhok dot com
Tomorrow is Saturday	I morgen er det lørdag
Silver is cheaper than gold	Sølv er billigere end guld
Gold is more expensive than silver	Guld er dyrere end sølv

English - Danish

A

above: over
acacia: (en) akacie (akacier)
accident: (en) ulykke (ulykker)
accordion: (en) harmonika (harmonikaer)
accountant: (en) bogholder (bogholdere)
accounting: (et) regnskab (regnskaber)
account number: (et) kontonummer (kontonumre)
Achilles tendon: (en) akillessene (akillessener)
actinium: actinium
actor: (en) skuespiller (skuespillere)
actually: faktisk
acupuncture: akupunktur
addition: addition
address: (en) adresse (adresser)
adhesive tape: (et) klisterbånd (klisterbånd)
advertisement: (en) reklame (reklamer)
aerobics: aerobic
Afghanistan: Afghanistan
afternoon: (en) eftermiddag (eftermiddage)
aftershave: (en) aftershave (aftershaver)
again: igen
airbag: (en) airbag (airbags)
air conditioner: (et) klimaanlæg (klimaanlæg)
aircraft carrier: (et) hangarskib (hangarskibe)
airline: (et) flyselskab (flyselskaber)
air mattress: (en) luftmadras (luftmadrasser)
airport: (en) lufthavn (lufthavne)
air pressure: (et) lufttryk (lufttryk)
air pump: (en) luftpumpe (luftpumper)
air traffic controller: (en) flyveleder (flyveledere)
aisle: (en) midtergang (midtergange)
alarm clock: (et) vækkeur (vækkeure)
Albania: Albanien
Algeria: Algeriet
all: alle
allergy: (en) allergi (allergier)
alley: (en) gyde (gyder)
almond: (en) mandel (mandler)
alphabet: (et) alfabet
already: allerede
although: selvom
aluminium: aluminium
always: altid
Amazon: Amazonas
ambulance: (en) ambulance (ambulancer)
American football: amerikansk fodbold
American Samoa: Amerikansk Samoa
americium: americium
amount: (et) beløb (beløb)
ampere: (en) ampere (ampere)
anchor: (et) anker (ankre), (en) studievært (studieværter)

and: og
Andes: Andesbjergene
Andorra: Andorra
angel: (en) engel (engle)
angle: (en) vinkel (vinkler)
Angola: Angola
angry: vred (vredt, vrede)
ankle: (en) ankel (ankler)
anorak: (en) anorak (anorakker)
answer: at svare (svarer, svarede, svaret)
ant: (en) myre (myrer)
ant-eater: (en) myresluger (myreslugere)
antibiotics: (et) antibiotikum (antibiotika)
antifreeze fluid: (en) frostvæske (frostvæsker)
Antigua and Barbuda: Antigua og Barbuda
antimony: antimon
antiseptic: (et) antiseptisk middel
antiwrinkle cream: (en) anti-rynkecreme (anti-rynkecremer)
anus: (et) anus
apartment: (en) lejlighed (lejligheder)
apostrophe: (en) apostrof (apostroffer)
app: (en) app (apps)
appendix: (en) blindtarm (blindtarme)
apple: (et) æble (æbler)
apple juice: æblejuice
apple pie: (en) æbletærte (æbletærter)
appointment: (en) aftale (aftaler)
apprentice: (en) lærling (lærlinge)
apricot: (en) abrikos (abrikoser)
April: april
aquarium: (et) akvarium (akvarier)
Arabic: arabisk
archery: bueskydning
architect: (en) arkitekt (arkitekter)
area: (et) areal (arealer)
Are you ok?: Er du okay?
Argentina: Argentina
argon: argon
argue: at skændes (skændes, skændtes, skændtes)
arithmetic: aritmetik
arm: (en) arm (arme)
Armenia: Armenien
aromatherapy: aromaterapi
arrival: (en) ankomst (ankomster)
arsenic: arsen
art: kunst
artery: (en) pulsåre (pulsårer)
art gallery: (et) kunstgalleri (kunstgallerier)
artichoke: (en) artiskok (artiskokker)
article: (en) artikel (artikler)
artist: (en) kunstner (kunstnere)
Aruba: Aruba
ash: aske
ask: at spørge (spørger, spurgte, spurgt)
asphalt: (en) asfalt
aspirin: (en) aspirin (aspiriner)
assistant: (en) assistent (assistenter)
astatine: astat

asteroid: (en) asteroide (asteroider)
asthma: astma
Atlantic Ocean: Atlanterhavet
atmosphere: (en) atmosfære (atmosfærer)
atom: (et) atom (atomer)
atomic number: (et) atomnummer (atomnumre)
attack: at angribe (angriber, angreb, angrebet)
attic: (et) loftsrum (loftsrum)
aubergine: (en) aubergine (auberginer)
audience: (et) publikum (publikummer)
August: august
aunt: (en) tante (tanter)
aurora: (et) nordlys (nordlys)
Australia: Australien
Australian football: australsk fodbold
Austria: Østrig
author: (en) forfatter (forfattere)
automatic: (et) automatisk
autumn: (et) efterår (efterår)
avenue: (en) allé (alléer)
avocado: (en) avocado (avocadoer)
axe: (en) økse (økser)
Azerbaijan: Aserbajdsjan

B

baby: (en) baby (babyer)
baby bottle: (en) sutteflaske (sutteflasker)
baby monitor: (en) babyalarm (babyalarmer)
bachelor: (en) bachelor (bachelorer)
back: (en) ryg (rygge), bagved
backgammon: backgammon
backpack: (en) rygsæk (rygsække)
back seat: (et) bagsæde (bagsæder)
bacon: (en) bacon
bacterium: (en) bakterie (bakterier)
bad: dårlig (dårligt, dårlige)
badminton: badminton
bag: (en) taske (tasker)
Bahrain: Bahrain
bake: at bage (bager, bagte, bagt)
baked beans: bagte bønner
baking powder: bagepulver
balcony: (en) altan (altaner)
bald head: skaldet
ballet: ballet
ballet shoes: balletsko
ball pen: (en) kuglepen (kuglepenne)
Ballroom dance: standard dans
bamboo: (en) bambus (bambus)
banana: (en) banan (bananer)
bandage: (en) bandage (bandager)
Bangladesh: Bangladesh
bank account: (en) bankkonto (bankkontoer)
bank transfer: (en) bankoverførsel (bankoverførsler)
bar: (en) bar (barer)
Barbados: Barbados

barbecue: (en) grill (grille)
barbell: (en) vægtstang (vægtstænger)
bar code: (en) stregkode (stregkoder)
bar code scanner: (en) stregkodescanner (stregkodescannere)
bargain: (et) godt køb (gode køb)
barium: barium
barkeeper: (en) bartender (bartendere)
barrette: (et) hårspænde (hårspænder)
baseball: baseball
baseball cap: (en) kasket (kasketter)
basement: (en) kælder (kældre)
basil: basilikum
basin: (en) håndvask (håndvaske)
basket: (en) kurv (kurve), (en) basketkurv (basketkurve)
basketball: basketball , (en) basketbold (basketbolde)
bass guitar: (en) basguitar (basguitarer)
bassoon: (en) fagot (fagotter)
bat: (en) flagermus (flagermus), (en) baseballbat (baseballbats)
bathrobe: (en) badekåbe (badekåber)
bathroom: (et) badeværelse (badeværelser)
bathroom slippers: badetøfler
bath towel: (et) badehåndklæde (badehåndklæder)
bathtub: (et) badekar (badekar)
baton: (en) knippel (knipler)
battery: (et) batteri (batterier)
beach: (en) strand (strande)
beach volleyball: beach volleyball
bean: (en) bønne (bønner)
bear: (en) bjørn (bjørne)
beard: (et) skæg (skæg)
beautiful: smuk (smukt, smukke)
because: fordi
bed: (en) seng (senge)
bedroom: (et) soveværelse (soveværelser)
bedside lamp: (en) sengelampe (sengelamper)
bee: (en) bi (bier)
beech: (en) bøg (bøge)
beef: (et) oksekød
beer: øl
behaviour therapy: adfærdsterapi
beige: beige (beige, beige)
Beijing duck: (en) pekingand (pekingænder)
Belarus: Hviderusland
Belgium: Belgien
Belize: Belize
bell: (en) dørklokke (dørklokker)
belly: (en) mave (maver)
belly button: (en) navle (navler)
below: under
belt: (et) bælte (bælter)
bench: (en) bænk (bænke)
bench press: bænkpres
Benin: Benin
berkelium: berkelium
beryllium: beryllium
beside: ved siden af
bet: at vædde (vædder, væddede, væddet)
Bhutan: Bhutan

biathlon: skiskydning
bib: (en) hagesmæk (hagesmække)
bicycle: (en) cykel (cykler)
big: stor (stort, store)
big brother: (en) storebror (storebrødre)
big sister: (en) storesøster (storesøstre)
bikini: (en) bikini (bikinier)
bill: (en) regning (regninger)
billiards: billard
biology: biologi
birch: (en) birk (birke)
birth: (en) fødsel (fødsler)
birth certificate: (en) fødselsattest (fødselsattester)
birth control pill: (en) P-pille (P-piller)
birthday: (en) fødselsdag (fødselsdage)
birthday cake: (en) fødselsdagskage (fødselsdagskager)
birthday party: (en) fødselsdagsfest (fødselsdagsfester)
biscuit: (en) kiks (kiks)
bismuth: bismuth
bison: (en) bison (bisoner)
bite: at bide (bider, bed, bidt), (et) bid (bid)
black: sort (sort, sorte)
blackberry: (et) brombær (brombær)
blackboard: (en) tavle (tavler)
black hole: (et) sort hul (sorte huller)
Black Sea: Sortehavet
black tea: sort te
bladder: (en) blære (blærer)
blanket: (et) tæppe (tæpper)
blazer: (en) blazer (blazere)
blind: blind (blindt, blinde), (en) persienne (persienner)
blond: blond
blood test: (en) blodprøve (blodprøver)
bloody: blodig (blodigt, blodige)
blossom: (en) blomst (blomster)
blue: blå (blåt, blå)
blueberry: (et) blåbær (blåbær)
blues: blues
board game: (et) brætspil (brætspil)
bobsleigh: bobslæde
bodybuilding: bodybuilding
bodyguard: (en) livvagt (livvagter)
body lotion: (en) bodylotion (bodylotioner)
bohrium: bohrium
boil: at koge (koger, kogte, kogt)
boiled: kogt (kogt, kogte)
boiled egg: (et) kogt æg (kogte æg)
Bolivia: Bolivia
bone: (en) knogle (knogler)
bone marrow: (en) knoglemarv
bonnet: (en) motorhjelm (motorhjelme)
book: (en) bog (bøger)
booking: (en) booking (bookinger)
bookshelf: (en) bogreol (bogreoler)
bookshop: (en) boghandel (boghandler)
boring: kedelig (kedeligt, kedelige)
boron: bor
Bosnia: Bosnien

bosom: (en) barm (barme)
botanic garden: (en) botanisk have (botaniske haver)
Botswana: Botswana
bottle: (en) flaske (flasker)
bottom: (en) bagdel (bagdele)
bowl: (en) skål (skåle)
bowling: bowling
bowling ball: (en) bowlingkugle (bowlingkugler)
bow tie: (en) butterfly (butterflys)
boxing: boksning
boxing glove: (en) boksehandske (boksehandsker)
boxing ring: (en) boksering (bokseringe)
boy: (en) dreng (drenge)
boyfriend: (en) kæreste (kærester)
bra: (en) bh (bh'er)
bracelet: (et) armbånd (armbånd)
brain: (en) hjerne (hjerner)
brake: (en) bremse (bremser)
brake light: (et) bremselys (bremselys)
branch: (en) gren (grene)
brandy: brandy
brave: modig (modigt, modige)
Brazil: Brasilien
bread: brød
breakdance: breakdance
breakfast: (en) morgenmad (morgenmåltider)
breastbone: (et) brystben (brystben)
breathe: at ånde (ånder, åndede, åndet)
brick: (en) mursten (murstene)
bride: (en) brud (brude)
bridge: (en) bro (broer), bridge
briefcase: (en) mappe (mapper)
broad: bred (bredt, brede)
broccoli: (en) broccoli (broccoli)
bromine: brom
bronze medal: (en) bronzemedalje (bronzemedaljer)
brooch: (en) broche (brocher)
broom: (en) kost (koste)
brother-in-law: (en) svoger (svogre)
brown: brun (brunt, brune)
brownie: (en) brownie (brownies)
browser: (en) browser (browsere)
bruise: (et) blåt mærke (blå mærker)
Brunei: Brunei
brunette: mørkhåret
brush: (en) pensel (pensler), (en) børste (børster)
Brussels sprouts: (et) rosenkål (rosenkål)
bucket: (en) spand (spande)
buffalo: (en) bøffel (bøfler)
buffet: (en) buffet (buffeter)
bug: (en) bille (biller)
Bulgaria: Bulgarien
bull: (en) tyr (tyre)
bulletin board: (en) opslagstavle (opslagstavler)
bumblebee: (en) humlebi (humlebier)
bumper: (en) kofanger (kofangere)
bungee jumping: elastikspring
bunk bed: (en) køjeseng (køjesenge)

burger: (en) burger (burgere)
Burkina Faso: Burkina Faso
Burma: Burma
burn: at brænde (brænder, brændte, brændt), (en) forbrænding (forbrændinger)
Burundi: Burundi
bus: (en) bus (busser)
bus driver: (en) buschauffør (buschauffører)
bush: (en) busk (buske)
business card: (et) visitkort (visitkort)
business class: business class
business dinner: (en) forretningsmiddag (forretningsmiddage)
business school: (en) handelsskole (handelsskoler)
business trip: (en) forretningsrejse (forretningsrejser)
bus stop: (et) busstoppested (busstoppesteder)
busy: travl (travlt, travle)
but: men
butcher: (en) slagter (slagtere)
butter: (et) smør
buttercup: (en) ranunkel (ranunkler)
butterfly: (en) sommerfugl (sommerfugle)
buttermilk: (en) kærnemælk
button: (en) knap (knapper)
buy: at købe (køber, købte, købt)
bye bye: hej hej

C

cabbage: (et) kål (kål)
cabin: (en) kahyt (kahytter)
cable: (et) kabel (kabler)
cable car: (en) svævebane (svævebaner)
cactus: (en) kaktus (kaktusser)
cadmium: cadmium
caesium: cæsium
cake: (en) kage (kager)
calcite: calcit
calcium: calcium
calculate: at beregne (beregner, beregnede, beregnet)
calendar: (en) kalender (kalendere)
californium: californium
call: at ringe (ringer, ringede, ringet)
Cambodia: Cambodja
camcorder: (et) videokamera (videokameraer)
camel: (en) kamel (kameler)
camera: (et) kamera (kameraer)
camera operator: (en) kameramand (kameramænd)
Cameroon: Cameroun
campfire: (et) bål (bål)
camping: (en) camping
camping site: (en) campingplads (campingpladser)
Canada: Canada
cancer: kræft
candle: (et) stearinlys (stearinlys)
candy: (et) slik (slikket)
candy floss: (en) candyfloss (candyflosser)
canoe: (en) kano (kanoer)
canoeing: kanosejlads

canteen: (en) kantine (kantiner)
canyon: (en) kløft (kløfter)
Can you help me?: Kan du hjælpe mig?
Cape Verde: Kap Verde
capital: (en) hovedstad (hovedstæder)
cappuccino: cappuccino
capsule: (en) kapsel (kapsler)
captain: (en) kaptajn (kaptajner)
car: (en) bil (biler)
caramel: (en) karamel (karameller)
caravan: (en) campingvogn (campingvogne)
carbon: carbon
carbon dioxide: carbondioxid
carbon monoxide: carbonmonoxid
card game: (et) kortspil (kortspil)
cardigan: (en) cardigan (cardigans)
cardiology: kardiologi
cargo aircraft: (et) fragtfly (fragtfly)
caricature: (en) karikatur (karikaturer)
caries: (en) caries
carousel: (en) karrusel (karruseller)
car park: (en) parkeringsplads (parkeringspladser)
carpenter: (en) tømrer (tømrere)
carpet: (et) gulvtæppe (gulvtæpper)
car racing: bilræs
carrot: (en) gulerod (gulerødder)
carry: at bære (bærer, bar, båret)
carry-on luggage: (en) håndbagage (håndbagager)
cartilage: (en) brusk (bruske)
cartoon: (en) tegneserie (tegneserier)
car wash: (en) bilvask (bilvaske)
case: (et) tilfælde (tilfælde)
cashew: (en) cashewnød (cashewnødder)
cashier: (en) kassedame (kassedamer)
cash machine: (en) pengeautomat (pengeautomater)
cash register: (et) kasseapparat (kasseapparater)
casino: (et) kasino (kasinoer)
cast: (et) ensemble (ensembler), (en) gips bandage (gips bandager)
castle: (et) slot (slotte)
cat: (en) kat (katte)
catch: at fange (fanger, fangede, fanget)
caterpillar: (en) larve (larver)
cathedral: (en) katedral (katedraler)
catheter: (et) kateter (katetre)
cauliflower: (et) blomkål (blomkål)
cave: (en) hule (huler)
Cayman Islands: Caymanøerne
CD player: (en) CD afspiller (CD afspillere)
ceiling: (et) loft (lofter)
celebrate: at fejre (fejrer, fejrede, fejret)
celery: (en) selleri (sellerier)
cello: (en) cello (celloer)
cement: (en) cement
cement mixer: (en) cementblander (cementblandere)
cemetery: (en) kirkegård (kirkegårde)
centigrade: celsius
centimeter: centimeter
Central African Republic: Centralafrikanske Republik

central business district (CBD): (et) forretningskvarter (forretningskvarterer)
central processing unit (CPU): (en) centralenhed (centralenheder)
century: (et) århundrede (århundreder)
cereal: morgenmadsprodukt
cerium: cerium
cesarean: (et) kejsersnit (kejsersnit)
cha-cha: cha-cha-cha
Chad: Tchad
chain: (en) kæde (kæder)
chainsaw: (en) kædesav (kædesave)
chair: (en) stol (stole)
chairman: (en) formand (formænd)
chalk: (et) kridt (kridt), kalk
chameleon: (en) kamæleon (kamæleoner)
champagne: champagne
changing room: (et) prøverum (prøverum)
channel: (en) kanal (kanaler)
character: (et) tegn (tegn)
chat: (en) chat (chats)
cheap: billig (billigt, billige)
check-in desk: (en) check-in-skranke (check-in-skranker)
cheek: (en) kind (kinder)
cheerleader: (en) cheerleader (cheerleaders)
cheers: skål
cheese: (en) ost (oste)
cheeseburger: (en) cheeseburger (cheeseburgere)
cheesecake: (en) ostekage (ostekager)
cheetah: (en) gepard (geparder)
chemical compound: (en) kemisk forbindelse (kemiske forbindelser)
chemical reaction: (en) kemisk reaktion (kemiske reaktioner)
chemical structure: (en) kemisk struktur (kemiske strukturer)
chemist: (en) kemiker (kemikere)
chemistry: kemi
cheque: (en) check (checks)
cherry: (et) kirsebær (kirsebær)
chess: skak
chest: (et) bryst (bryster)
chewing gum: (et) tyggegummi (tyggegummier)
chick: (en) kylling (kyllinger)
chicken: (en) kylling (kyllinger), (et) kyllingekød
chicken nugget: (en) kyllingenugget (kyllingenuggets)
chickenpox: skoldkopper
chicken wings: kyllingevinger
child: (et) barn (børn)
child seat: (et) barnesæde (barnesæder)
Chile: Chile
chili: (en) chili (chilier)
chimney: (en) skorsten (skorstene)
chin: (en) hage (hager)
China: Kina
Chinese medicine: (en) kinesisk medicin (kinesiske mediciner)
chips: chips
chiropractor: (en) kiropraktor (kiropraktorer)
chive: purløg
chlorine: klor
chocolate: (en) chokolade (chokolader)
chocolate cream: chokoladecreme
choose: at vælge (vælger, valgte, valgt)

chopping board: (et) skærebræt (skærebrætter)
chopstick: (en) spisepind (spisepinde)
Christmas: jul
chromium: krom
chubby: buttet (buttet, buttede)
church: (en) kirke (kirker)
cider: cider
cigar: (en) cigar (cigarer)
cigarette: (en) cigaret (cigaretter)
cinema: (en) biograf (biografer)
cinnamon: kanel
circle: (en) cirkel (cirkler)
circuit training: kredsløbstræning
clarinet: (en) klarinet (klarinetter)
classical music: klassisk musik
classic car: (en) veteranbil (veteranbiler)
clay: ler
clean: ren (rent, rene), at rengøre (rengør, rengjorde, rengjort)
cleaner: (en) rengøringsassistent (rengøringsassistenter)
clef: (en) nøgle (nøgler)
clever: klog (klogt, kloge)
cliff: (en) klippe (klipper)
cliff diving: klippespring
climb: at klatre (klatrer, klatrede, klatret)
climbing: klatring
clinic: (en) klinik (klinikker)
clipboard: (et) clipboard (clipboards)
clitoris: (en) klitoris (klitorisser)
clock: (et) ur (ure)
close: nær , at lukke (lukker, lukkede, lukket)
cloud: (en) sky (skyer)
cloudy: overskyet (overskyet, overskyede)
clover: (en) kløver (kløvere)
clutch: (en) kobling (koblinger)
coach: (en) træner (trænere)
coal: kul
coast: (en) kyst (kyster)
coat: (en) frakke (frakker)
cobalt: kobolt
cockerel: (en) hane (haner)
cockpit: (et) cockpit (cockpitter)
cocktail: cocktail
coconut: (en) kokosnød (kokosnødder)
coffee: kaffe
coffee machine: (en) kaffemaskine (kaffemaskiner)
coffee table: (et) sofabord (sofaborde)
coffin: (en) kiste (kister)
coin: (en) mønt (mønter)
coke: cola
cold: kold (koldt, kolde), (en) forkølelse
collar: (en) krave (kraver)
collarbone: (et) kraveben (kraveben)
colleague: (en) kollega (kollegaer)
Colombia: Colombia
colon: (en) tyktarm (tyktarme), (et) kolon (koloner)
colony: (en) koloni (kolonier)
coloured pencil: (en) farveblyant (farveblyanter)
comb: (en) kam (kamme)

combine harvester: (en) mejetærsker (mejetærskere)
come: at komme (kommer, kom, kommet)
comedy: (en) komedie (komedier)
comet: (en) komet (kometer)
Come with me: Kom med mig
comic book: (en) tegneserie (tegneserier)
comma: (et) komma (kommaer)
commentator: (en) kommentator (kommentatorer)
Comoros: Comorerne
compass: (et) kompas (kompasser)
concealer: (en) concealer (concealere)
concert: (en) koncert (koncerter)
concrete: (en) beton
concrete mixer: (en) betonblander (betonblandere)
concussion: (en) hjernerystelse (hjernerystelser)
condom: (et) kondom (kondomer)
conductor: (en) konduktør (konduktører), (en) dirigent (dirigenter)
cone: (en) kegle (kegler)
construction site: (en) byggeplads (byggepladser)
construction worker: (en) bygningsarbejder (bygningsarbejdere)
consultant: (en) konsulent (konsulenter)
contact lens: (en) kontaktlinse (kontaktlinser)
container: (en) container (containere)
container ship: (et) containerskib (containerskibe)
content: (et) indhold (indhold)
continent: (et) kontinent (kontinenter)
control tower: (et) kontroltårn (kontroltårne)
cook: at lave mad (laver, lavede, lavet), (en) kok (kokke)
cooker: (et) komfur (komfurer)
cooker hood: (en) emhætte (emhætter)
cookie: (en) småkage (småkager)
Cook Islands: Cookøerne
cool: cool (cool, cool)
copernicium: copernicium
copper: kobber
copy: at kopiere (kopierer, kopierede, kopieret)
coral reef: (et) koralrev (koralreve)
coriander: koriander
corkscrew: (en) proptrækker (proptrækkere)
corn: (en) majs (majs)
corn oil: majsolie
corpse: (et) lig (lig)
correct: korrekt (korrekt, korrekte)
corridor: (en) korridor (korridorer)
Costa Rica: Costa Rica
cotton: bomuld
cough: (en) hoste
cough syrup: (en) hostesaft (hostesafter)
count: at tælle (tæller, talte, talt)
country: (et) land (lande)
courgette: (en) courgette (courgetter)
court: (en) domstol (domstole)
cousin: (en) fætter (fætre), (en) kusine (kusiner)
cow: (en) ko (køer)
crab: (en) krabbe (krabber)
cramp: (en) krampe (kramper)
cranberry: (et) tranebær (tranebær)
crane: (en) kran (kraner)

crane truck: (en) mobilkran (mobilkraner)
crater: (et) krater (kratere)
crawl: at kravle (kravler, kravlede, kravlet)
crazy: skør (skørt, skøre)
cream: (en) fløde , (en) creme (cremer)
credit card: (et) kreditkort (kreditkort)
cricket: (en) fårekylling (fårekyllinger), cricket
criminal: (en) kriminel (kriminelle)
Croatia: Kroatien
crocodile: (en) krokodille (krokodiller)
croissant: (en) croissant (croissanter)
cross-country skiing: langrend
cross trainer: (en) crosstrainer (crosstrainere)
crosswords: (en) krydsord (krydsord)
crow: (en) krage (krager)
crown: (en) krone (kroner)
cruise ship: (et) krydstogtskib (krydstogtskibe)
crutch: (en) krykke (krykker)
cry: at græde (græder, græd, grædt)
crêpe: (en) crepe (crepes)
CT scanner: (en) CT-scanner (CT-scannere)
Cuba: Cuba
cube: (en) kube (kuber)
cubic meter: kubikmeter
cucumber: (en) agurk (agurker)
cuddly toy: (et) krammedyr (krammedyr)
cue: (en) kø (køer)
cup: (et) bæger (bægre), (en) kop (kopper), (en) pokal (pokaler)
cupboard: (et) skab (skabe)
curium: curium
curling: curling
curling iron: (et) krøllejern (krøllejern)
curly: krøllet
currant: (et) solbær (solbær)
curry: karry
curtain: (et) gardin (gardiner)
curve: (en) kurve (kurver)
custard: (en) creme (cremer)
customer: (en) kunde (kunder)
customs: (en) told
cut: at klippe (klipper, klippede, klippet)
cute: sød (sødt, søde)
cutlery: (et) bestik
cycling: cykling
cylinder: (en) cylinder (cylindre)
cymbals: (et) bækken (bækkener)
Cyprus: Cypern
Czech Republic: Tjekkiet

D

dad: (en) far (fædre)
daffodil: (en) påskelilje (påskeliljer)
daisy: (en) marguerit (margueritter)
dam: (en) dæmning (dæmninger)
dancer: (en) danser (dansere)
dancing: dans

dancing shoes: dansesko
dandelion: (en) mælkebøtte (mælkebøtter)
dandruff: skæl
dark: mørk (mørkt, mørke)
darmstadtium: darmstadtium
darts: dart
dashboard: (et) instrumentbræt (instrumentbrætter)
database: (en) database (databaser)
date: (en) daddel (dadler)
daughter: (en) datter (døtre)
daughter-in-law: (en) svigerdatter (svigerdøtre)
day: (en) dag (dage)
deaf: døv (døvt, døve)
death: (en) død
decade: (et) årti (årtier)
December: december
decimeter: decimeter
deck: (et) dæk (dæk)
deck chair: (en) liggestol (liggestole)
deep: dyb (dybt, dybe)
deer: (en) hjort (hjorte)
defend: at forsvare (forsvarer, forsvarede, forsvaret)
defendant: (en) tiltalte (tiltalte)
degree: (en) grad (grader)
deliver: at levere (leverer, leverede, leveret)
delivery: (en) fødsel (fødsler)
Democratic Republic of the Congo: Den Demokratiske Republik Congo
Denmark: Danmark
denominator: nævner
dental brace: (en) tandbøjle (tandbøjler)
dental filling: (en) tandfyldning (tandfyldninger)
dental prostheses: (en) tandprotese (tandproteser)
dentist: (en) tandlæge (tandlæger)
department: (en) afdeling (afdelinger)
departure: (en) afgang (afgange)
dermatology: dermatologi
desert: (en) ørken (ørkener)
designer: (en) designer (designere)
desk: (et) skrivebord (skriveborde), (et) skolebord (skoleborde)
dessert: (en) dessert (desserter)
detective: (en) detektiv (detektiver)
diabetes: sukkersyge
diagonal: (en) diagonal (diagonaler)
diamond: diamant
diaper: (en) ble (bleer)
diaphragm: (et) mellemgulv
diarrhea: diarre
diary: (en) dagbog (dagbøger)
dictionary: (en) ordbog (ordbøger)
die: at dø (dør, døde, død)
diesel: diesel
difficult: vanskelig (vanskeligt, vanskelige)
dig: at grave (graver, gravede, gravet)
digital camera: (et) digitalkamera (digitalkameraer)
dill: dild
dimple: (et) smilehul (smilehuller)
dim sum: dim sum
dinner: (en) aftensmad (aftensmåltider)

dinosaur: (en) dinosaurus (dinosaurer)
diploma: (et) eksamensbevis (eksamensbeviser)
director: (en) direktør (direktører), (en) instruktør (instruktører)
dirty: beskidt (beskidt, beskidte)
discus throw: diskoskast
dishwasher: (en) opvaskemaskine (opvaskemaskiner)
district: (et) distrikt (distrikter)
dividend: (et) udbytte (udbytter)
diving: udspring , dykning
diving mask: (en) dykkermaske (dykkermasker)
division: division
divorce: (en) skilsmisse (skilsmisser)
DJ: (en) DJ (DJ's)
Djibouti: Djibouti
doctor: (en) læge (læger)
doesn't matter: betyder ikke noget
dog: (en) hund (hunde)
doll: (en) dukke (dukker)
dollar: (en) dollar (dollar)
dollhouse: (et) dukkehus (dukkehuse)
dolphin: (en) delfin (delfiner)
Dominica: Dominica
Dominican Republic: Dominikanske Republik
dominoes: domino
don't worry: bare rolig
donkey: (et) æsel (æsler)
door: (en) dør (døre)
door handle: (et) dørhåndtag (dørhåndtag)
dorm room: (et) kollegieværelse (kollegieværelser)
dosage: (en) dosis (doser)
double bass: (en) kontrabas (kontrabasser)
double room: (et) dobbeltværelse (dobbeltværelser)
doughnut: (en) donut (donuts)
Do you love me?: Elsker du mig?
dragonfly: (en) guldsmed (guldsmede)
draughts: dam
drawer: (en) skuffe (skuffer)
drawing: (en) tegning (tegninger)
dreadlocks: dreadlocks
dream: at drømme (drømmer, drømte, drømt)
dress: (en) kjole (kjoler)
dress size: (en) kjole størrelse (kjole størrelser)
dried fruit: (en) tørret frugt (tørrede frugter)
drill: at bore (borer, borede, boret)
drilling machine: (en) boremaskine (boremaskiner)
drink: at drikke (drikker, drak, drukket)
drums: (et) trommesæt (trommesæt)
drunk: fuld (fuldt, fulde)
dry: tør (tørt, tørre), at tørre (tørrer, tørrede, tørret)
dubnium: dubnium
duck: (en) and (ænder)
dumbbell: (en) håndvægt (håndvægte)
dumpling: (en) melbolle (melboller)
duodenum: (en) tolvfingertarm (tolvfingertarme)
DVD player: (en) DVD afspiller (DVD afspillere)
dyed: farvet
dysprosium: dysprosium

E

e-mail: (en) e-mail (e-mails)
e-mail address: (en) e-mailadresse (e-mailadresser)
eagle: (en) ørn (ørne)
ear: (et) øre (ører)
earn: at tjene (tjener, tjente, tjent)
earphone: (en) høretelefon (høretelefoner)
earplug: (en) øreprop (ørepropper)
earring: (en) ørering (øreringe)
earth: jorden
earth's core: jordens kerne
earth's crust: jordens skorpe
earthquake: (et) jordskælv (jordskælv)
east: øst
Easter: påske
East Timor: Østtimor
easy: let (let, lette)
eat: at spise (spiser, spiste, spist)
economics: økonomi
economy class: økonomiklasse
Ecuador: Ecuador
eczema: (et) eksem (eksemer)
egg: (et) æg (æg)
egg white: (en) æggehvide (æggehvider)
Egypt: Egypten
einsteinium: einsteinium
elbow: (en) albue (albuer)
electric guitar: (en) elektrisk guitar (elektriske guitarer)
electrician: (en) elektriker (elektrikere)
electric iron: (et) strygejern (strygejern)
electric shock: (et) elektrisk stød (elektriske stød)
electron: (en) elektron (elektroner)
elephant: (en) elefant (elefanter)
elevator: (en) elevator (elevatorer)
elk: (en) elg (elge)
ellipse: (en) ellipse (ellipser)
El Salvador: El Salvador
embassy: (en) ambassade (ambassader)
embryo: (en) embryo (embryoer)
emergency: (en) nødsituation (nødsituationer)
emergency exit: (en) nødudgang (nødudgange)
emergency room: (en) skadestue (skadestuer)
employee: (en) medarbejder (medarbejdere)
employer: (en) arbejdsgiver (arbejdsgivere)
empty: tom (tomt, tomme)
endocrinology: endokrinologi
energy drink: energidrik
engagement: (en) forlovelse (forlovelser)
engagement ring: (en) forlovelsesring (forlovelsesringe)
engine: (en) motor (motorer)
engineer: (en) ingeniør (ingeniører)
engine room: (et) motorrum (motorrum)
English: engelsk
enjoy: at nyde (nyder, nød, nydt)
entrepreneur: (en) entreprenør (entreprenører)
envelope: (en) kuvert (kuverter)

epilepsy: epilepsi
episiotomy: (en) episiotomi (episiotomier)
equation: ligning
equator: ækvator
Equatorial Guinea: Ækvatorialguinea
erbium: erbium
Eritrea: Eritrea
espresso: espresso
essay: (et) essay (essays)
Estonia: Estland
Ethiopia: Etiopien
eucalyptus: (et) eukalyptustræ (eukalyptustræer)
euro: (en) euro (euro)
europium: europium
evening: (en) aften (aftener)
evening dress: (en) aftenkjole (aftenkjoler)
every: hver
everybody: alle
evidence: (et) bevis (beviser)
evil: ond (ondt, onde)
exam: (en) eksamen (eksamener)
excavator: (en) gravemaskine (gravemaskiner)
exclamation mark: (et) udråbstegn (udråbstegn)
excuse me: undskyld mig
exercise bike: (en) motionscykel (motionscykler)
exhaust pipe: (et) udstødningsrør (udstødningsrør)
expensive: dyr (dyrt, dyre)
expiry date: (en) udløbsdato (udløbsdatoer)
eye: (et) øje (øjne)
eyebrow: (et) øjenbryn (øjenbryn)
eyebrow pencil: (en) øjenbrynsblyant (øjenbrynsblyanter)
eyelashes: øjenvipper
eyeliner: (en) eyeliner (eyeliners)
eye shadow: (en) øjenskygge (øjenskygger)

F

fabric: (et) stof (stoffer)
face cream: (en) ansigtscreme (ansigtscremer)
face mask: (en) ansigtsmaske (ansigtsmasker)
face powder: (et) pudder (puddere)
facial toner: (en) skintonic (skintonic)
factory: (en) fabrik (fabrikker)
Fahrenheit: fahrenheit
fail: at fejle (fejler, fejlede, fejlet)
faint: at besvime (besvimer, besvimede, besvimet)
fair: retfærdig (retfærdigt, retfærdige)
fairground: (et) tivoli (tivolier)
falcon: (en) falk (falke)
Falkland Islands: Falklandsøerne
fall: at falde (falder, faldt, faldet)
family picture: (et) familiebillede (familiebilleder)
family therapy: familieterapi
fan: (en) ventilator (ventilatorer)
far: fjern
fare: (en) billetpris (billetpriser)
farm: (en) gård (gårde)

farmer: (en) landmand (landmænd)
Faroe Islands: Færøerne
father: (en) fader (fædre)
father-in-law: (en) svigerfar (svigerfædre)
fat meat: (et) fedt kød
fax: (en) fax (faxer)
February: februar
feed: at fodre (fodrer, fodrede, fodret)
fence: (et) hegn (hegn)
fencing: fægtning
feng shui: feng shui
fennel: fennikel
fermium: fermium
fern: (en) bregne (bregner)
ferry: (en) færge (færger)
feta: (en) feta
fever: (en) feber
fever thermometer: (et) feber termometer (feber termometre)
few: få
fiancé: (en) forlovede
fiancée: (en) forlovede
field hockey: hockey
fifth floor: femte sal
fig: (en) figen (figener)
fight: at kæmpe (kæmper, kæmpede, kæmpet)
figure skating: kunstskøjteløb
Fiji: Fiji
file: (en) fil (file)
filter: (et) filter (filtre)
fin: (en) svømmefod (svømmefødder)
find: at finde (finder, fandt, fundet)
fine: (en) bøde (bøder)
finger: (en) finger (fingre)
fingernail: (en) fingernegl (fingernegle)
fingerprint: (et) fingeraftryk (fingeraftryk)
Finland: Finland
fire: ild , (en) brand (brande)
fire alarm: (en) brandalarm (brandalarmer)
fire extinguisher: (en) brandslukker (brandslukkere)
firefighter: (en) brandmand (brandmænd)
firefighters: (et) brandvæsen (brandvæsener)
fire station: (en) brandstation (brandstationer)
fire truck: (en) brandbil (brandbiler)
first: første
first basement floor: første kælderetage
first class: første klasse
first floor: første sal
fish: (en) fisk (fisk), at fiske (fisker, fiskede, fisket)
fish and chips: fisk og pomfritter
fishbone: (et) fiskeben (fiskeben)
fisherman: (en) fisker (fiskere)
fishing boat: (en) fiskebåd (fiskebåde)
fish market: (et) fiskemarked (fiskemarkeder)
fist: (en) næve (næver)
fix: at reparere (reparerer, reparerede, repareret)
flamingo: (en) flamingo (flamingoer)
flash: (en) blitz (blitz)
flat: flad (fladt, flade)

flat screen: (en) fladskærm (fladskærme)
flerovium: flerovium
flip-flops: klipklapper
flip chart: (en) flipover (flipovere)
flood: (en) oversvømmelse (oversvømmelser)
floor: (et) gulv (gulve)
florist: (en) blomsterhandler (blomsterhandlere)
flour: mel
flower: (en) blomst (blomster)
flower bed: (et) blomsterbed (blomsterbede)
flower pot: (en) blomsterkrukke (blomsterkrukker)
flu: (en) influenza (influenzaer)
fluid: (en) væske (væsker)
fluorine: fluor
flute: (en) tværfløjte (tværfløjter)
fly: (en) flue (fluer), at flyve (flyver, fløj, fløjet)
flyer: (en) flyer (flyers)
foetus: (et) foster (fostre)
fog: (en) tåge (tåger)
foggy: tåget (tåget, tågede)
folder: (en) mappe (mapper)
folk music: folkemusik
follow: at følge (følger, fulgte, fulgt)
foot: (en) fod (fødder)
football: fodbold , (en) amerikansk fodbold (amerikanske fodbolde)
football boots: fodboldstøvler
football stadium: (et) fodboldstadion (fodboldstadioner)
force: (en) kraft (kræfter)
forehead: (en) pande (pander)
forest: (en) skov (skove)
fork: (en) gaffel (gafler)
forklift truck: (en) gaffeltruck (gaffeltrucks)
Formula 1: Formel 1
foundation: (en) foundation (foundations)
fountain: (et) springvand (springvand)
fourth: fjerde
fox: (en) ræv (ræve)
fraction: brøk
fracture: (et) knoglebrud (knoglebrud)
France: Frankrig
francium: francium
freckles: fregner
freestyle skiing: freestyle skiløb
freezer: (en) fryser (frysere)
freight train: (et) godstog (godstoge)
French: fransk
French fries: pomfritter
French horn: (et) valdhorn (valdhorn)
French Polynesia: Fransk Polynesien
Friday: (en) fredag (fredage)
fridge: (et) køleskab (køleskabe)
fried noodles: stegte nudler
fried rice: stegte ris
fried sausage: (en) stegt pølse (stegte pølser)
friend: (en) ven (venner)
friendly: venlig (venligt, venlige)
frog: (en) frø (frøer)
front: frem

front door: (en) hoveddør (hoveddøre)
front light: (en) forlygte (forlygter)
front seat: (et) forsæde (forsæder)
fruit gum: (en) vingummi (vingummier)
fruit merchant: (en) frugthandler (frugthandlere)
fruit salad: (en) frugtsalat (frugtsalater)
fry: at stege (steger, stegte, stegt)
full: mæt (mæt, mætte), fuld (fuldt, fulde)
full stop: punktum
funeral: (en) begravelse (begravelser)
funnel: (en) tragt (tragte)
funny: sjov (sjovt, sjove)
furniture store: (en) møbelbutik (møbelbutikker)

G

Gabon: Gabon
gadolinium: gadolinium
gain weight: at tage på i vægt (tager, tog, taget)
galaxy: (en) galakse (galakser)
gall bladder: (en) galdeblære (galdeblærer)
gallium: gallium
gamble: at gamble (gambler, gamblede, gamblet)
game: (et) vildtkød
garage: (en) garage (garager)
garage door: (en) garageport (garageporte)
garbage bin: (en) skraldespand (skraldespande)
garden: (en) have (haver)
gardener: (en) gartner (gartnere)
garlic: (et) hvidløg (hvidløg)
gas: (en) gas (gasser)
gear lever: (en) gearstang (gearstænger)
gear shift: (et) gearskift (gearskifter)
gecko: (en) gekko (gekkoer)
gender: (et) køn (køn)
general manager: (en) administrerende direktør (administrerende direktører)
generator: (en) generator (generatorer)
generous: gavmild (gavmildt, gavmilde)
geography: geografi
geometry: geometri
Georgia: Georgien
German: tysk
germanium: germanium
Germany: Tyskland
geyser: (en) gejser (gejsere)
Ghana: Ghana
Gibraltar: Gibraltar
gin: gin
ginger: (en) ingefær (ingefæren), rødhåret
giraffe: (en) giraf (giraffer)
girl: (en) pige (piger)
girlfriend: (en) kæreste (kærester)
give: at give (giver, gav, givet)
give a massage: at give massage (giver, gav, givet)
glacier: (en) gletsjer (gletsjere)
gladiolus: (en) gladiolus (gladioluser)
glass: (et) glas (glas)

glasses: (et par) briller
glider: (et) svævefly (svævefly)
glove: (en) handske (handsker)
glue: (en) lim (lime)
gluten: gluten
goal: (et) mål (mål)
goat: (en) ged (geder)
gold: guld
Gold is more expensive than silver: Guld er dyrere end sølv
gold medal: (en) guldmedalje (guldmedaljer)
golf: golf
golf ball: (en) golfbold (golfbolde)
golf club: (en) golfkølle (golfkøller)
golf course: (en) golfbane (golfbaner)
good: god (godt, gode)
good bye: farvel
good day: goddag
goose: (en) gås (gæs)
go straight: gå ligeud
goulash: (en) gullasch
GPS: (en) GPS (GPS'er)
graduation: (en) dimission (dimissioner)
graduation ceremony: (en) dimissionsfest (dimissionsfester)
gram: (et) gram (gram)
grandchild: (et) barnebarn (børnebørn)
granddaughter: (et) barnebarn (børnebørn)
grandfather: (en) farfar (farfædre), (en) morfar (morfædre)
grandmother: (en) farmor (farmødre), (en) mormor (mormødre)
grandson: (et) barnebarn (børnebørn)
granite: granit
granulated sugar: melis
grape: (en) vindrue (vindruer)
grapefruit: (en) grapefrugt (grapefrugter)
graphite: grafit
grass: (et) græs (græsser)
grasshopper: (en) græshoppe (græshopper)
grater: (et) rivejern (rivejern)
grave: (en) grav (grave)
gravity: (en) tyngdekraft (tyngdekræfter)
Greece: Grækenland
greedy: grådig (grådigt, grådige)
green: grøn (grønt, grønne)
greenhouse: (et) drivhus (drivhuse)
Greenland: Grønland
green tea: grøn te
Grenada: Grenada
grey: grå (gråt, grå)
groom: (en) brudgom (brudgomme)
ground floor: stueetage
group therapy: gruppeterapi
grow: at vokse (vokser, voksede, vokset)
Guatemala: Guatemala
guest: (en) gæst (gæster)
guilty: skyldig (skyldigt, skyldige)
Guinea: Guinea
Guinea-Bissau: Guinea-Bissau
guinea pig: (et) marsvin (marsvin)
guitar: (en) guitar (guitarer)

gun: (en) pistol (pistoler)
Guyana: Guyana
gym: (et) fitnesscenter (fitnesscentre)
gymnastics: gymnastik
gynaecology: gynækologi

H

hafnium: hafnium
hair: (et) hår (hår)
hairdresser: (en) frisør (frisører)
hairdryer: (en) hårtørrer (hårtørrere)
hair gel: (en) hårgelé
hair straightener: (et) glattejern (glattejern)
Haiti: Haiti
half an hour: en halv time
Halloween: halloween
ham: (en) skinke
hamburger: (en) hamburger (hamburgere)
hammer: at hamre (hamrer, hamrede, hamret), (en) hammer (hammere)
hammer throw: hammerkast
hamster: (en) hamster (hamstere)
hand: (en) hånd (hænder)
handbag: (en) håndtaske (håndtasker)
handball: håndbold
hand brake: (en) håndbremse (håndbremser)
handcuff: (et) håndjern (håndjern)
handsaw: (en) håndsav (håndsave)
handsome: flot (flot, flotte)
happy: lykkelig (lykkeligt, lykkelige)
harbour: (en) havn (havne)
hard: hård (hårdt, hårde)
hard drive: (en) harddisk (harddisks)
harmonica: (en) mundharmonika (mundharmonikaer)
harp: (en) harpe (harper)
hassium: hassium
hat: (en) hat (hatte)
hay fever: (en) høfeber
hazelnut: (en) hasselnød (hasselnødder)
he: han
head: (et) hoved (hoveder)
headache: (en) hovedpine
heading: (en) overskrift (overskrifter)
head injury: (en) hovedskade (hovedskader)
healthy: sund (sundt, sunde)
heart: (et) hjerte (hjerter)
heart attack: (et) hjerteanfald (hjerteanfald)
heating: (et) varmeanlæg (varmeanlæg)
heavy: tung (tungt, tunge)
heavy metal: heavy metal
hedge: (en) hæk (hække)
hedgehog: (et) pindsvin (pindsvin)
heel: (en) hæl (hæle)
height: (en) højde (højder)
heir: (en) arving (arvinger)
helicopter: (en) helikopter (helikoptere)
helium: helium

hello: hallo
helmet: (en) hjelm (hjelme)
help: at hjælpe (hjælper, hjalp, hjulpet)
hemorrhoid: (en) hæmoride (hæmorider)
her dress: hendes kjole
here: her
heritage: (en) arv
hexagon: (en) sekskant (sekskanter)
hi: hej
hide: at gemme (gemmer, gemte, gemt)
high: høj (højt, høje)
high-speed train: (et) højhastighedstog (højhastighedstoge)
high blood pressure: (et) højt blodtryk
high heels: høje hæle
high jump: højdespring
high school: (et) gymnasium (gymnasier)
hiking: vandreture
hiking boots: vandrestøvler
hill: (en) bakke (bakker)
Himalayas: Himalaya
hippo: (en) flodhest (flodheste)
his car: hans bil
history: historie
hit: at slå (slår, slog, slået)
hockey stick: (en) hockeystav (hockeystave)
hoe: (en) hakke (hakker)
hole puncher: (en) hulmaskine (hulmaskiner)
holmium: holmium
holy: hellig (helligt, hellige)
homework: (en) lektie (lektier)
homoeopathy: homøopati
Honduras: Honduras
honey: honning
honeymoon: (en) bryllupsrejse (bryllupsrejser)
Hong Kong: Hong Kong
horn: (et) horn (horn)
horror movie: (en) gyserfilm (gyserfilm)
horse: (en) hest (heste)
hose: (en) vandslange (vandslanger)
hospital: (et) hospital (hospitaler)
host: (en) vært (værter)
hostel: (et) vandrehjem (vandrehjem)
hot: stærk (stærkt, stærke), hed (hedt, hede)
hot-air balloon: (en) varmluftsballon (varmluftsballoner)
hot-water bottle: (en) varmedunk (varmedunke)
hot chocolate: varm chokolade
hot dog: (en) hotdog (hotdogs)
hotel: (et) hotel (hoteller)
hot pot: hot pot
hour: (en) time (timer)
house: (et) hus (huse)
houseplant: (en) stueplante (stueplanter)
how: hvordan
How are you?: Hvordan går det?
how many?: hvor mange?
how much?: hvor meget?
How much is this?: Hvor meget koster dette?
huge: kæmpe (kæmpe, kæmpe)

human resources: (en) personaleafdeling (personaleafdelinger)
humidity: (en) fugtighed (fugtigheder)
Hungary: Ungarn
hungry: sulten (sultent, sultne)
hurdles: hækkeløb
hurricane: (en) orkan (orkaner)
husband: (en) mand (mænd)
hydrant: (en) brandhane (brandhaner)
hydroelectric power station: (et) vandkraftværk (vandkraftværker)
hydrogen: brint
hydrotherapy: hydroterapi
hyphen: (en) bindestreg (bindestreger)
hypnosis: hypnose

I

I: jeg
I agree: jeg er enig
ice: (en) is (is)
ice climbing: isklatring
ice cream: (en) flødeis
iced coffee: iskaffe
ice hockey: ishockey
Iceland: Island
ice rink: (en) skøjtebane (skøjtebaner)
ice skating: skøjteløb
icing sugar: flormelis
icon: (et) ikon (ikoner)
I don't know: Jeg ved det ikke
I don't like this: Jeg kan ikke lide dette
I don't understand: Jeg forstår ikke
if: hvis
I have a dog: Jeg har en hund
I know: Jeg ved det
I like you: Jeg kan lide dig
I love you: Jeg elsker dig
I miss you: Jeg savner dig
immediately: straks
inbox: (en) indbakke (indbakker)
inch: tomme
index finger: (en) pegefinger (pegefingre)
India: Indien
Indian Ocean: Det Indiske Ocean
indium: indium
Indonesia: Indonesien
industrial district: (et) industriområde (industriområder)
I need this: Jeg har brug for dette
infant: (et) spædbarn (spædbørn)
infection: (en) infektion (infektioner)
infusion: (en) infusion (infusioner)
inhaler: (en) inhalator (inhalatorer)
injure: at skade (skader, skadede, skadet)
injury: (en) skade (skader)
ink: (et) blæk
inking roller: (en) malerrulle (malerruller)
insect repellent: (en) myggebalsam (myggebalsam)
inside: inde

156

instant camera: (et) instant kamera (instant kameraer)
instant noodles: minutnudler
insulating tape: (et) isoleringsbånd (isoleringsbånd)
insulin: (en) insulin (insuliner)
insurance: (en) forsikring (forsikringer)
intensive care unit: (en) intensivafdeling (intensivafdelinger)
interest: (en) rente (renter)
intern: (en) praktikant (praktikanter)
intersection: (et) vejkryds (vejkryds)
intestine: (en) tarm (tarme)
investment: (en) investering (investeringer)
iodine: jod
ion: (en) ion (ioner)
Iran: Iran
Iraq: Irak
Ireland: Irland
iridium: iridium
iris: (en) iris (iriser)
iron: at stryge (stryger, strøg, strøget), jern
ironing table: (et) strygebræt (strygebrætter)
island: (en) ø (øer)
isotope: (en) isotop (isotoper)
Israel: Israel
IT: IT
Italy: Italien
Ivory Coast: Elfenbenskysten
I want more: Jeg vil have mere
I want this: jeg vil have dette

J

jack: (en) donkraft (donkrafte)
jacket: (en) jakke (jakker)
jackfruit: (en) jackfrugt (jackfrugter)
jade: jade
jam: marmelade
Jamaica: Jamaica
January: januar
Japan: Japan
Japanese: japansk
jar: (en) glasbeholder (glasbeholdere)
javelin throw: spydkast
jawbone: (et) kæbeben (kæbeben)
jazz: jazz
jeans: (et par) jeans
jellyfish: (en) vandmand (vandmænd)
jersey: (en) fodboldtrøje (fodboldtrøjer)
jet ski: jetski
jeweller: (en) guldsmed (guldsmede)
jive: jive
job: (et) job (jobs)
jogging bra: (en) sports bh (sports bh'er)
joke: (en) vittighed (vittigheder)
Jordan: Jordan
journalist: (en) journalist (journalister)
judge: (en) dommer (dommere)
judo: judo

juicy: saftig (saftigt, saftige)
July: juli
jump: at hoppe (hopper, hoppede, hoppet)
June: juni
junior school: (et) gymnasium (gymnasier)
Jupiter: Jupiter
jury: (et) nævningeting (nævningeting)

K

kangaroo: (en) kænguru (kænguruer)
karate: karate
kart: gokart
Kazakhstan: Kasakhstan
kebab: (en) kebab (kebabber)
kennel: (et) hundehus (hundehuse)
Kenya: Kenya
kettle: (en) kedel (kedler)
kettledrum: (en) pauke (pauker)
key: (en) nøgle (nøgler)
keyboard: (et) keyboard (keyboards), (et) tastatur (tastaturer)
key chain: (en) nøglering (nøgleringe)
keyhole: (et) nøglehul (nøglehuller)
kick: at sparke (sparker, sparkede, sparket)
kidney: (en) nyre (nyrer)
kill: at dræbe (dræber, dræbte, dræbt)
killer whale: (en) spækhugger (spækhuggere)
kilogram: (et) kilogram (kilogram)
kindergarten: (en) børnehave (børnehaver)
kindergarten teacher: (en) pædagog (pædagoger)
Kiribati: Kiribati
kiss: at kysse (kysser, kyssede, kysset), (et) kys (kys)
kitchen: (et) køkken (køkkener)
kiwi: (en) kiwi (kiwier)
knee: (et) knæ (knæ)
kneecap: (en) knæskal (knæskaller)
knife: (en) kniv (knive)
knit cap: (en) strikket hue (strikkede huer)
know: at vide (ved, vidste, vidst)
koala: (en) koala (koalaer)
Kosovo: Kosovo
krone: (en) krone (kroner)
krypton: krypton
Kuwait: Kuwait
Kyrgyzstan: Kirgisistan

L

laboratory: (et) laboratorium (laboratorier)
lace: (et) snørebånd (snørebånd)
lacrosse: lacrosse
ladder: (en) stige (stiger)
ladle: (en) slev (sleve)
ladybird: (en) mariehøne (mariehøns)
lake: (en) sø (søer)

lamb: (et) lammekød
lamp: (en) lampe (lamper)
landlord: (en) udlejer (udlejere)
lanthanum: lanthan
Laos: Laos
laptop: (en) bærbar (bærbare)
larch: (en) lærk (lærke)
lasagne: (en) lasagne (lasagner)
last month: sidste måned
last week: sidste uge
last year: sidste år
Latin: latin
Latin dance: latinamerikansk dans
latitude: breddegrad
Latvia: Letland
laugh: at grine (griner, grinede, grinet)
laundry: (et) vasketøj
laundry basket: (en) vasketøjskurv (vasketøjskurve)
lava: lava
law: (en) lov (love)
lawn mower: (en) græsslåmaskine (græsslåmaskiner)
lawrencium: lawrencium
lawyer: (en) advokat (advokater)
lazy: doven (dovent, dovne)
lead: bly
leaf: (et) blad (blade)
leaflet: (en) folder (foldere)
lean meat: (et) magert kød
leather shoes: lædersko
Lebanon: Libanon
lecture: (et) foredrag (foredrag)
lecturer: (en) foredragsholder (foredragsholdere)
lecture theatre: (et) auditorium (auditorier)
leek: (en) porre (porrer)
left: venstre
leg: (et) ben (ben)
legal department: (en) juridisk afdeling (juridiske afdelinger)
leggings: leggings
leg press: benpres
lemon: (en) citron (citroner)
lemonade: lemonade
lemongrass: citrongræs
lemur: (en) lemur (lemurer)
leopard: (en) leopard (leoparder)
Lesotho: Lesotho
less: mindre
lesson: (en) lektion (lektioner)
Let's go home: Lad os gå hjem
letter: (et) bogstav (bogstaver), (et) brev (breve)
lettuce: (en) salat (salater)
Liberia: Liberia
librarian: (en) bibliotekar (bibliotekarer)
library: (et) bibliotek (biblioteker)
Libya: Libyen
lie: at ligge (ligger, lå, ligget)
Liechtenstein: Liechtenstein
lifeboat: (en) redningsbåd (redningsbåde)
life buoy: (en) redningskrans (redningskranse)

lifeguard: (en) livredder (livreddere)
life jacket: (en) redningsvest (redningsveste)
lift: at løfte (løfter, løftede, løftet)
light: let (let, lette), lys (lyst, lyse)
light bulb: (en) lyspære (lyspærer)
lighter: (en) lighter (lightere)
lighthouse: (et) fyrtårn (fyrtårne)
lightning: (et) lyn (lyn)
light switch: (en) lyskontakt (lyskontakter)
like: at kunne lide (kan, kunne, kunnet)
lime: (en) lime (lime)
limestone: kalksten
limousine: (en) limousine (limousiner)
lingerie: lingeri
lion: (en) løve (løver)
lip: (en) læbe (læber)
lip balm: (en) læbepomade (læbepomader)
lip gloss: (en) lipgloss (lipgloss)
lipstick: (en) læbestift (læbestifter)
liqueur: likør
liquorice: (en) lakrids (lakridser)
listen: at lytte (lytter, lyttede, lyttet)
liter: (en) liter (liter)
literature: litteratur
lithium: lithium
Lithuania: Litauen
little black dress: (en) lille sort kjole (små sorte kjoler)
little brother: (en) lillebror (lillebrødre)
little finger: (en) lillefinger (lillefingre)
little sister: (en) lillesøster (lillesøstre)
live: at leve (lever, levede, levet)
liver: (en) lever (levere)
livermorium: livermorium
living room: (en) stue (stuer)
lizard: (en) øgle (øgler)
llama: (en) lama (lamaer)
loan: (et) lån (lån)
lobby: (en) lobby (lobbyer)
lobster: (en) hummer (hummere)
lock: at låse (låser, låste, låst)
locomotive: (et) lokomotiv (lokomotiver)
lonely: ensom (ensomt, ensomme)
long: lang (langt, lange)
longitude: længdegrad
long jump: længdespring
look for: at lede efter (leder, ledte, ledt)
loppers: (en) grensaks (grensakse)
lorry: (en) lastbil (lastbiler)
lorry driver: (en) lastbilchauffør (lastbilchauffører)
lose: at tabe (taber, tabte, tabt)
lose weight: at tabe sig (taber, tabte, tabt)
loss: (et) tab (tab)
lotus root: (en) lotusrod (lotusrødder)
loud: højt (højt, høje)
loudspeaker: (en) højtaler (højtalere)
love: at elske (elsker, elskede, elsket), (en) kærlighed
lovesickness: (en) kærestesorg (kærestesorger)
low: lav (lavt, lave)

lubricant: (en) glidecreme (glidecremer)
luge: kælkning
luggage: (en) bagage
lunar eclipse: (en) måneformørkelse (måneformørkelser)
lunch: (en) frokost (frokoster)
lung: (en) lunge (lunger)
lutetium: lutetium
Luxembourg: Luxembourg
lychee: (en) litchi (litchi)
lyrics: (en) sangtekst (sangtekster)

M

Macao: Macao
Macedonia: Makedonien
Madagascar: Madagaskar
magazine: (et) blad (blade)
magma: magma
magnesium: magnesium
magnet: (en) magnet (magneter)
magnetic resonance imaging: (en) MR scanning (MR scanninger)
magpie: (en) husskade (husskader)
mailbox: (en) postkasse (postkasser)
Malawi: Malawi
Malaysia: Malaysia
Maldives: Maldiverne
Mali: Mali
Malta: Malta
man: (en) mand (mænd)
manager: (en) manager (managers)
Mandarin: mandarin
manganese: mangan
mango: (en) mango (mangoer)
manhole cover: (et) kloakdæksel (kloakdæksler)
manicure: (en) manicure
mannequin: (en) mannequin (mannequiner)
many: mange
map: (et) kort (kort)
maple: (en) ahorn (ahorn)
maple syrup: ahornsirup
marathon: maratonløb
March: marts
marjoram: merian
market: (et) marked (markeder)
marketing: (en) markedsføring (markedsføringer)
marry: at gifte sig (gifter, giftede, giftet)
Mars: Mars
marsh: (en) mose (moser)
Marshall Islands: Marshalløerne
marshmallow: (en) skumfidus (skumfiduser)
martini: martini
mascara: (en) mascara (mascaraer)
mashed potatoes: kartoffelmos
massage: massage
masseur: (en) massør (massører)
mast: (en) mast (master)
master: (en) master (mastere)

match: (en) tændstik (tændstikker)
mathematics: matematik
mattress: (en) madras (madrasser)
Mauritania: Mauretanien
Mauritius: Mauritius
May: maj
mayonnaise: mayonnaise
measles: mæslinger
measure: at måle (måler, målte, målt)
meat: (et) kød
meatball: (en) frikadelle (frikadeller)
mechanic: (en) mekaniker (mekanikere)
medal: (en) medalje (medaljer)
meditation: meditation
Mediterranean Sea: Middelhavet
meerkat: (en) surikat (surikater)
meet: at møde (møder, mødte, mødt)
meeting room: (et) mødelokale (mødelokaler)
meitnerium: meitnerium
melody: (en) melodi (melodier)
member: (et) medlem (medlemmer)
membership: (et) medlemskab (medlemskaber)
mendelevium: mendelevium
menu: (et) menukort
Mercury: Merkur
mercury: kviksølv
metal: (et) metal (metaller)
metalloid: (et) halvmetal (halvmetaller)
meteorite: (en) meteorit (meteoritter)
meter: meter
methane: metan
metropolis: (en) storby (storbyer)
Mexico: Mexico
Micronesia: Mikronesien
microscope: (et) mikroskop (mikroskoper)
microwave: (en) mikroovn (mikroovne)
middle finger: (en) langefinger (langefingre)
midnight: (en) midnat
midwife: (en) jordemoder (jordemodere)
migraine: (en) migræne (migræner)
mile: mil
milk: (en) mælk
milk powder: (et) mælkepulver
milkshake: milkshake
milk tea: mælkete
Milky Way: Mælkevejen
millennium: (et) årtusinde (årtusinder)
milliliter: (en) milliliter (milliliter)
millimeter: millimeter
minced meat: (et) hakket kød
minibar: (en) minibar (minibarer)
minibus: (en) minibus (minibusser)
minister: (en) minister (ministere)
mint: mynte
minute: (et) minut (minutter)
mirror: (et) spejl (spejle)
miscarriage: (en) ufrivillig abort (ufrivillige aborter)
mitt: (en) baseballhandske (baseballhandsker)

mixer: (en) håndmikser (håndmiksere)
mobile phone: (en) mobiltelefon (mobiltelefoner)
mocha: mokka
model: (en) model (modeller)
modern pentathlon: moderne femkamp
Moldova: Moldova
molecule: (et) molekyle (molekyler)
molybdenum: molybdæn
Monaco: Monaco
Monday: (en) mandag (mandage)
money: penge
Mongolia: Mongoliet
monk: (en) munk (munke)
monkey: (en) abe (aber)
Monopoly: matador
monorail: (en) monorail (monorails)
monsoon: (en) monsun (monsuner)
Montenegro: Montenegro
month: (en) måned (måneder)
Montserrat: Montserrat
monument: (et) monument (monumenter)
moon: (en) måne (måner)
more: mere
morning: (en) morgen (morgener), (en) formiddag (formiddage)
Morocco: Marokko
mosque: (en) moske (moskeer)
mosquito: (en) myg (myg)
most: mest
moth: (et) møl (møl)
mother: (en) moder (mødre)
mother-in-law: (en) svigermor (svigermødre)
motocross: motocross
motor: (en) motor (motorer)
motorcycle: (en) motorcykel (motorcykler)
motorcycle racing: motorcykelræs
motor scooter: (en) scooter (scootere)
motorway: (en) motorvej (motorveje)
mountain: (et) bjerg (bjerge)
mountain biking: mountainbike
mountaineering: bjergbestigning
mountain range: (en) bjergkæde (bjergkæder)
mouse: (en) mus (mus)
mouth: (en) mund (munde)
mouthguard: (en) tandbeskytter (tandbeskyttere)
Mozambique: Mozambique
mozzarella: (en) mozzarella
MP3 player: (en) MP3 afspiller (MP3 afspillere)
muesli: müsli
muffin: (en) muffin (muffins)
mufti: (en) mufti (muftier)
multiplication: multiplikation
mum: (en) mor (mødre)
mumps: fåresyge
muscle: (en) muskel (muskler)
museum: (et) museum (museer)
mushroom: (en) champignon (champignoner)
musician: (en) musiker (musikere)
mustard: sennep

mute: stum (stumt, stumme)
my dog: min hund

N

nachos: nachos
nail: (et) søm (søm)
nail clipper: (en) negleklipper (negleklippere)
nail file: (en) neglefil (neglefile)
nail polish: (en) neglelak (neglelakker)
nail scissors: (en) neglesaks (neglesakse)
nail varnish remover: (en) neglelakfjerner (neglelakfjernere)
Namibia: Namibia
nape: (en) nakke (nakker)
narrow: smal (smalt, smalle)
nasal bone: (et) næseben (næseben)
nasal spray: (en) næsespray (næsespray)
national park: (en) nationalpark (nationalparker)
Nauru: Nauru
nausea: kvalme
neck: (en) hals (halse)
neck brace: (en) halskrave (halskraver)
necklace: (en) halskæde (halskæder)
nectar: (en) nektar (nektarer)
needle: (en) nål (nåle)
negligee: (en) negligé (negligéer)
neighbour: (en) nabo (naboer)
neodymium: neodym
neon: neon
Nepal: Nepal
nephew: (en) nevø (nevøer)
Neptune: Neptun
neptunium: neptunium
nerve: (en) nerve (nerver)
net: (et) net (net)
Netherlands: Holland
network: (et) netværk (netværker)
neurology: neurologi
neutron: (en) neutron (neutroner)
new: ny (nyt, nye)
New Caledonia: Ny Kaledonien
news: (en) nyhed (nyheder)
newsletter: (et) nyhedsbrev (nyhedsbreve)
newspaper: (en) avis (aviser)
New Year: nytår
New Zealand: New Zealand
next month: næste måned
next week: næste uge
next year: næste år
Nicaragua: Nicaragua
nickel: nikkel
niece: (en) niece (niecer)
Niger: Niger
Nigeria: Nigeria
night: (en) nat (nætter)
night club: (en) natklub (natklubber)
nightie: (en) natkjole (natkjoler)

night table: (et) natbord (natborde)
niobium: niobium
nipple: (en) brystvorte (brystvorter)
nitrogen: kvælstof
Niue: Niue
nobelium: nobelium
non-metal: (et) ikkemetal (ikkemetaller)
none: ingen
noodle: nudel
noon: (en) middag (middage)
Nordic combined: nordisk kombineret
north: nord
northern hemisphere: nordlige halvkugle
North Korea: Nordkorea
North Pole: Nordpolen
Norway: Norge
nose: (en) næse (næser)
nosebleed: (et) næseblod
nostril: (et) næsebor (næsebor)
not: ikke
note: (en) node (noder), (et) notat (notater), (en) pengeseddel (pengesedler)
notebook: (en) notesbog (notesbøger)
nougat: nougat
novel: (en) roman (romaner)
November: november
now: nu
no worries: intet problem
nuclear power plant: (et) atomkraftværk (atomkraftværker)
numerator: tæller
nun: (en) nonne (nonner)
nurse: (en) sygeplejerske (sygeplejersker)
nursery: (et) børneværelse (børneværelser), (en) vuggestue (vuggestuer)
nut: (en) nød (nødder)
nutmeg: muskatnød
nylon: nylon

O

oak: (en) eg (ege)
oat: havre
oatmeal: havregryn
oboe: (en) obo (oboer)
ocean: (et) ocean (oceaner)
octagon: (en) oktagon (oktagoner)
October: oktober
octopus: (en) blæksprutte (blæksprutter)
oesophagus: (et) spiserør (spiserør)
of course: selvfølgelig
office: (et) kontor (kontorer)
often: tit
oil: olie
oil paint: (en) oliemaling (oliemalinger)
oil pastel: (en) oliepastel (oliepasteller)
ok: ok
okra: (en) okra (okra)
old: gammel (gammelt, gamle)
olive: (en) oliven (oliven)

olive oil: olivenolie
Oman: Oman
oncology: onkologi
one-way street: (en) ensrettet vej (ensrettede veje)
one o'clock in the morning: klokken et om morgenen
onion: (et) løg (løg)
onion ring: (en) løgring (løgringe)
opal: opal
open: at åbne (åbner, åbnede, åbnet)
opera: (en) opera (operaer)
operating theatre: (en) operationsstue (operationsstuer)
optician: (en) optiker (optikere)
or: eller
orange: orange (orange, orange), (en) appelsin (appelsiner)
orange juice: appelsinjuice
orchestra: (et) orkester (orkestre)
oregano: oregano
organ: (et) orgel (orgler)
origami: (en) origami
orphan: (en) forældreløst barn
orthopaedics: ortopædi
osmium: osmium
ostrich: (en) struds (strudse)
other: andre
otter: (en) odder (oddere)
ounce: (en) unse (unser)
our home: vores hjem
outpatient: (en) ambulant (ambulante)
outside: ude
ovary: (en) æggestok (æggestokke)
oven: (en) ovn (ovne)
overpass: (en) vejbro (vejbroer)
oviduct: (en) æggeleder (æggeledere)
ovum: (en) ægcelle (ægceller)
owl: (en) ugle (ugler)
oxygen: ilt

P

Pacific Ocean: Stillehavet
package: (en) pakke (pakker)
paediatrics: pædiatri
painkiller: (en) smertestillende medicin
paint: at male (maler, malede, malet), (en) maling (malinger)
painting: (et) maleri (malerier)
Pakistan: Pakistan
Palau: Palau
pale: bleg (blegt, blege)
Palestine: Palæstina
palette: (en) palet (paletter)
palladium: palladium
pallet: (en) palle (paller)
palm: (en) håndflade (håndflader)
palm tree: (en) palme (palmer)
pan: (en) pande (pander)
Panama: Panama
pancake: (en) pandekage (pandekager)

pancreas: (en) bugspytkirtel (bugspytkirtler)
panda: (en) panda (pandaer)
panties: (en) trusse (trusser)
pantyhose: (et par) strømpebukser
panty liner: (et) trusseindlæg (trusseindlæg)
papaya: (en) papaja (papajaer)
paperclip: (en) klips (klips)
paprika: paprika
Papua New Guinea: Papua Ny Guinea
parachute: (en) faldskærm (faldskærme)
parachuting: faldskærmsudspring
paragraph: (en) paragraf (paragraffer)
Paraguay: Paraguay
parasol: (en) parasol (parasoller)
parcel: (en) pakke (pakker)
parents: forældre
parents-in-law: svigerforældre
park: (en) park (parker)
parking meter: (et) parkometer (parkometre)
parmesan: (en) parmesan
parrot: (en) papegøje (papegøjer)
passport: (et) pas (pas)
password: (en) adgangskode (adgangskoder)
pathology: patologi
patient: (en) patient (patienter)
pavement: (et) fortov (fortove)
pay: at betale (betaler, betalte, betalt)
pea: (en) ært (ærter)
peach: (en) fersken (ferskener)
peacock: (en) påfugl (påfugle)
peanut: (en) jordnød (jordnødder)
peanut butter: jordnøddesmør
peanut oil: jordnøddeolie
pear: (en) pære (pærer)
pearl necklace: (en) perlehalskæde (perlehalskæder)
pedestrian area: (en) gågade (gågader)
pedestrian crossing: (et) fodgængerfelt (fodgængerfelter)
pedicure: (en) pedicure
peel: (en) skræl (skræller)
peg: (en) tøjklemme (tøjklemmer)
pelican: (en) pelikan (pelikaner)
pelvis: (et) bækken (bækkener)
pen: (en) pen (penne)
pencil: (en) blyant (blyanter)
pencil case: (et) penalhus (penalhuse)
pencil sharpener: (en) blyantspidser (blyantspidsere)
penguin: (en) pingvin (pingviner)
peninsula: (en) halvø (halvøer)
penis: (en) penis (penisser)
pepper: (en) rød peber (røde pebre), peber
perfume: (en) parfume (parfumer)
periodic table: (et) periodisk system
Peru: Peru
petal: (et) kronblad (kronblade)
Petri dish: (en) petriskål (petriskåle)
petrol: benzin
petrol station: (en) tankstation (tankstationer)
pet shop: (en) dyrehandel (dyrehandler)

pharmacist: (en) farmaceut (farmaceuter)
pharmacy: (et) apotek (apoteker)
PhD: (en) ph.d. (ph.d.er)
Philippines: Filippinerne
philosophy: filosofi
phoalbum: (et) fotoalbum (fotoalbummer)
phosphorus: fosfor
photographer: (en) fotograf (fotografer)
physical education: idræt
physician: (en) læge (læger)
physicist: (en) fysiker (fysikere)
physics: fysik
physiotherapist: (en) fysioterapeut (fysioterapeuter)
physiotherapy: fysioterapi
piano: (et) klaver (klaverer)
picnic: (en) picnic (picnicer)
picture: (et) billede (billeder)
picture frame: (en) billedramme (billedrammer)
pie: (en) tærte (tærter)
pier: (en) mole (moler)
pig: (en) gris (grise)
pigeon: (en) due (duer)
piglet: (en) lille gris (små grise)
Pilates: pilates
pill: (en) pille (piller)
pillow: (en) pude (puder)
pilot: (en) pilot (piloter)
pincers: (en) knibtang (knibtange)
pine: (et) fyrretræ (fyrretræer)
pineapple: (en) ananas (ananas)
pink: lyserød (lyserødt, lyserøde)
pipette: (en) pipette (pipetter)
pistachio: (en) pistacie (pistacier)
pit: (en) kerne (kerner)
pitchfork: (en) høtyv (høtyve)
pizza: (en) pizza (pizzaer)
plane: (et) fly (fly)
planet: (en) planet (planeter)
plaster: (et) plaster (plastre)
plastic: plast
plastic bag: (en) plastikpose (plastikposer)
plate: (en) tallerken (tallerkener)
platform: (en) perron (perroner)
platinum: platin
play: at lege (leger, legede, leget), (et) teaterstykke (teaterstykker)
playground: (en) legeplads (legepladser)
please: vær venlig
plug: (et) stik (stik)
plum: (en) blomme (blommer)
plumber: (en) blikkenslager (blikkenslagere)
plump: tyk (tykt, tykke)
Pluto: Pluto
plutonium: plutonium
pocket: (en) lomme (lommer)
poisoning: (en) forgiftning
poker: poker
Poland: Polen
polar bear: (en) isbjørn (isbjørne)

pole: (en) pol (poler)
pole vault: stangspring
police: (et) politi
police car: (en) politibil (politibiler)
policeman: (en) politimand (politimænd)
police station: (en) politistation (politistationer)
politician: (en) politiker (politikere)
politics: politik
polo: polo
polonium: polonium
polo shirt: (en) polo skjorte (polo skjorter)
polyester: polyester
pond: (en) dam (damme)
ponytail: (en) hestehale (hestehaler)
poor: fattig (fattigt, fattige)
pop: pop
popcorn: popcorn
pork: (et) svinekød
porridge: grød
portfolio: (en) portefølje (porteføljer)
portrait: (et) portræt (portrætter)
Portugal: Portugal
postcard: (et) postkort (postkort)
postman: (et) postbud (postbude)
post office: (et) postkontor (postkontorer)
pot: (en) gryde (gryder)
potasalad: (en) kartoffelsalat (kartoffelsalater)
potassium: kalium
potato: (en) kartoffel (kartofler)
potawedges: kartoffelbåde
pottery: (en) keramik
pound: (et) pund (pund)
powder: (et) pulver (pulvere)
powder puff: (en) pudderkvast (pudderkvaste)
power: strøm
power line: (en) højspændingsledning (højspændingsledninger)
power outlet: (en) stikkontakt (stikkontakter)
practice: at øve (øver, øvede, øvet)
praseodymium: praseodym
pray: at bede (beder, bad, bedt)
praying mantis: (en) knæler (knælere)
preface: (et) forord (forord)
pregnancy test: (en) graviditetstest (graviditetstests)
present: (en) gave (gaver)
presentation: (en) præsentation (præsentationer)
president: (en) præsident (præsidenter)
press: at presse (presser, pressede, presset)
priest: (en) præst (præster)
primary school: (en) folkeskole (folkeskoler)
prime minister: (en) statsminister (statsministere)
print: at udskrive (udskriver, udskrev, udskrevet)
printer: (en) printer (printere)
prison: (et) fængsel (fængsler)
professor: (en) professor (professorer)
profit: (en) profit (profitter)
programmer: (en) programmør (programmører)
projector: (en) projektor (projektorer)
promenade: (en) promenade (promenader)

promethium: promethium
prosecutor: (en) anklager (anklagere)
prostate: (en) prostata (prostataer)
prostitute: (en) prostitueret (prostituerede)
protactinium: protactinium
proton: (en) proton (protoner)
proud: stolt (stolt, stolte)
province: (en) provins (provinser)
psychiatry: psykiatri
psychoanalysis: psykoanalyse
psychotherapy: psykoterapi
publisher: (et) forlag (forlag)
puck: (en) puck (pucker)
pudding: (en) budding (buddinger)
PuerRico: Puerto Rico
pull: at trække (trækker, trak, trukket)
pulse: (en) puls (pulse)
pumpkin: (et) græskar (græskar)
punk: punk
pupil: (en) pupil (pupiller)
purple: lilla (lilla, lilla)
purse: (en) pung (punge)
push: at skubbe (skubber, skubbede, skubbet)
push-up: armbøjninger
pushchair: (en) barnevogn (barnevogne)
put: at sætte (sætter, satte, sat)
putty: (en) spatel (spartler)
puzzle: (et) puslespil (puslespil)
pyjamas: (en) pyjamas (pyjamaser)
pyramid: (en) pyramide (pyramider)

Q

Qatar: Qatar
quarter of an hour: et kvarter
quartz: kvarts
question mark: (et) spørgsmålstegn (spørgsmålstegn)
quick: hurtig (hurtigt, hurtige)
quickstep: quickstep
quiet: stille (stille, stille)
quote: at citere (citerer, citerede, citeret)

R

rabbi: (en) rabbiner (rabbinere)
rabbit: (en) kanin (kaniner)
raccoon: (en) vaskebjørn (vaskebjørne)
racing bicycle: (en) racercykel (racercykler)
radar: (en) radar (radarer)
radiator: (en) radiator (radiatorer)
radio: (en) radio (radioer)
radiology: radiologi
radish: (en) radise (radiser)
radium: radium
radius: (en) radius (radier)

radon: radon
rafting: rafting
railtrack: (et) togspor (togspor)
rain: (en) regn
rainbow: (en) regnbue (regnbuer)
raincoat: (en) regnjakke (regnjakker)
rainforest: (en) regnskov (regnskove)
rainy: regnfuld (regnfuldt, regnfulde)
raisin: (en) rosin (rosiner)
rake: (en) rive (river)
rally racing: rally
Ramadan: ramadan
ramen: ramen
random access memory (RAM): (en) RAM
rap: rap
rapeseed oil: rapsolie
rash: (et) udslæt (udslæt)
raspberry: (et) hindbær (hindbær)
rat: (en) rotte (rotter)
rattle: (en) rangle (rangler)
raven: (en) ravn (ravne)
raw: rå (råt, rå)
razor: (en) skraber (skrabere)
razor blade: (et) barberblad (barberblade)
read: at læse (læser, læste, læst)
reading room: (en) læsesal (læsesale)
real-estate agent: (en) ejendomsmægler (ejendomsmæglere)
really: virkelig
rear light: (en) baglygte (baglygter)
rear mirror: (et) bakspejl (bakspejle)
rear trunk: (et) bagagerum (bagagerum)
receptionist: (en) receptionist (receptionister)
record player: (en) pladespiller (pladespillere)
rectangle: (et) rektangel (rektangler)
recycle bin: (en) papirkurv (papirkurve)
red: rød (rødt, røde)
red panda: (en) rød panda (røde pandaer)
Red Sea: Det Røde Hav
red wine: rødvin
reed: (et) siv (siv)
referee: (en) dommer (dommere)
reggae: reggae
region: (en) region (regioner)
relax: slap af
remote control: (en) fjernbetjening (fjernbetjeninger)
reporter: (en) reporter (reportere)
Republic of the Congo: Republikken Congo
rescue: at redde (redder, reddede, reddet)
research: (en) forskning (forskninger)
reservation: (en) reservation (reservationer)
respiratory machine: (en) respirator (respiratorer)
rest: at hvile (hviler, hvilede, hvilet)
restaurant: (en) restaurant (restauranter)
result: resultat
retirement: (en) pension (pensioner)
rhenium: rhenium
rhino: (et) næsehorn (næsehorn)
rhodium: rhodium

rhomboid: (et) parallelogram (parallelogrammer)
rhombus: (en) rombe (romber)
rhythmic gymnastics: rytmisk gymnastik
rib: (et) ribben (ribben)
rice: ris
rice cooker: (en) riskoger (riskogere)
rich: rig (rigt, rige)
right: højre
right angle: (en) ret vinkel (rette vinkler)
ring: (en) ring (ringe)
ring finger: (en) ringfinger (ringfingre)
river: (en) flod (floder)
road: (en) vej (veje)
road roller: (en) vejtromle (vejtromler)
roast chicken: (en) stegt kylling (stegte kyllinger)
roast pork: stegt svinekød
robot: (en) robot (robotter)
rock: rock , (en) sten (sten)
rock 'n' roll: rock 'n' roll
rocket: (en) raket (raketter)
rocking chair: (en) gyngestol (gyngestole)
roentgenium: røntgenium
roll: at rulle (ruller, rullede, rullet)
roller coaster: (en) rutsjebane (rutsjebaner)
roller skating: rulleskøjteløb
Romania: Rumænien
roof: (et) tag (tage)
roof tile: (en) tagsten (tagstene)
room key: (en) værelsesnøgle (værelsesnøgler)
room number: (et) værelsesnummer (værelsesnumre)
room service: (en) roomservice
root: (en) rod (rødder)
rose: (en) rose (roser)
rosemary: rosmarin
round: rund (rundt, runde)
roundabout: (en) rundkørsel (rundkørsler)
router: (en) router (routere)
row: (en) række (rækker)
rowing: roning
rowing boat: (en) robåd (robåde)
rubber: (et) viskelæder (viskelædere)
rubber band: (en) elastik (elastikker)
rubber boat: (en) gummibåd (gummibåde)
rubber stamp: (et) gummistempel (gummistempler)
rubidium: rubidium
ruby: rubin
rugby: rugby
ruin: (en) ruin (ruiner)
ruler: (en) lineal (linealer)
rum: rom
rumba: rumba
run: at løbe (løber, løb, løbet)
running: løb
runway: (en) landingsbane (landingsbaner)
rush hour: myldretid
Russia: Rusland
ruthenium: ruthenium
rutherfordium: rutherfordium

S

sad: trist (trist, triste)
saddle: (en) sadel (sadler)
safe: sikker (sikkert, sikre), (et) pengeskab (pengeskabe)
safety glasses: (et par) sikkerhedsbriller
Sahara: Sahara
sail: (et) sejl (sejl)
sailing: sejlads
sailing boat: (en) sejlbåd (sejlbåde)
Saint Kitts and Nevis: Saint Kitts og Nevis
Saint Lucia: Saint Lucia
Saint Vincent and the Grenadines: Saint Vincent og Grenadinerne
sake: sake
salad: (en) salat (salater)
salami: (en) salami
salary: (en) løn (lønninger)
sales: (et) salg (salg)
salmon: (en) laks (laks)
salsa: salsa
salt: salt
salty: salt (salt, salte)
samarium: samarium
samba: samba
Samoa: Samoa
sand: sand
sandals: sandaler
sandbox: (en) sandkasse (sandkasser)
sandwich: (en) sandwich (sandwiches)
sanitary towel: (et) hygiejnebind (hygiejnebind)
San Marino: San Marino
sapphire: safir
sardine: (en) sardin (sardiner)
satellite: (en) satellit (satellitter)
satellite dish: (en) parabol (paraboler)
Saturday: (en) lørdag (lørdage)
Saturn: Saturn
Saudi Arabia: Saudi Arabien
sauna: (en) sauna (saunaer)
sausage: (en) pølse (pølser)
savings: (en) opsparing (opsparinger)
saw: at save (saver, savede, savet), (en) sav (save)
saxophone: (en) saxofon (saxofoner)
scaffolding: (et) stillads (stilladser)
scale: (en) badevægt (badevægte)
scalpel: (en) skalpel (skalpeller)
scan: at scanne (scanner, scannede, scannet)
scandium: scandium
scanner: (en) scanner (scannere)
scarf: (et) halstørklæde (halstørklæder)
scholarship: (et) stipendium (stipendier)
school: (en) skole (skoler)
schoolbag: (en) skoletaske (skoletasker)
school bus: (en) skolebus (skolebusser)
school uniform: (en) skoleuniform (skoleuniformer)

schoolyard: (en) skolegård (skolegårde)
science: videnskab
science fiction: (en) science fiction
scientist: (en) videnskabsmand (videnskabsmænd)
scissors: (en) saks (sakse)
scorpion: (en) skorpion (skorpioner)
scrambled eggs: røræg
screen: (et) lærred (lærreder), (en) skærm (skærme)
screwdriver: (en) skruetrækker (skruetrækkere)
screw wrench: (en) skruenøgle (skruenøgler)
script: (et) manuskript (manuskripter)
scrollbar: (en) scrollbar (scrollbarer)
scrotum: (en) pung (punge)
scrunchy: (en) hårelastik (hårelastikker)
sculpting: (en) billedhuggerkunst
sea: (et) hav (have)
seaborgium: seaborgium
seafood: fisk og skaldyr
seagull: (en) måge (måger)
sea horse: (en) søhest (søheste)
seal: (en) sæl (sæler)
sea lion: (en) søløve (søløver)
seat: (et) sæde (sæder)
seatbelt: (en) sikkerhedssele (sikkerhedsseler)
seaweed: (en) tang
second: (et) sekund (sekunder), anden
second-hand shop: (en) genbrugsbutik (genbrugsbutikker)
second basement floor: anden kælderetage
secretary: (en) sekretær (sekretærer)
security camera: (et) overvågningskamera (overvågningskameraer)
security guard: (en) sikkerhedsvagt (sikkerhedsvagter)
seed: (et) frø (frø)
see you later: vi ses senere
selenium: selen
sell: at sælge (sælger, solgte, solgt)
semicolon: (et) semikolon (semikoloner)
Senegal: Senegal
September: september
Serbia: Serbien
server: (en) server (servere)
sewage plant: (et) rensningsanlæg (rensningsanlæg)
sewing machine: (en) symaskine (symaskiner)
sex: sex
sexy: sexet (sexet, sexede)
Seychelles: Seychellerne
shallow: lav (lavt, lave)
shampoo: (en) shampoo (shampooer)
share: at dele (deler, delte, delt), (en) aktie (aktier)
share price: (en) aktiekurs (aktiekurser)
shark: (en) haj (hajer)
shaver: (en) barbermaskine (barbermaskiner)
shaving foam: (et) barberskum
she: hun
shed: (et) skur (skure)
sheep: (et) får (får)
shelf: (en) hylde (hylder)
shell: (en) konkylie (konkylier)
shinpad: (en) benskinne (benskinner)

174

ship: (et) skib (skibe)
shirt: (en) skjorte (skjorter)
shiver: at ryste (ryster, rystede, rystet)
shock absorber: (en) støddæmper (støddæmpere)
shoe cabinet: (et) skoskab (skoskabe)
shoot: at skyde (skyder, skød, skudt)
shooting: skydning
shop assistant: (en) butiksassistent (butiksassistenter)
shopping basket: (en) indkøbskurv (indkøbskurve)
shopping cart: (en) indkøbsvogn (indkøbsvogne)
shopping mall: (et) indkøbscenter (indkøbscentre)
shore: (en) kyst (kyster)
short: kort (kort, korte), lille (lille, små)
shorts: (et par) shorts
short track: kortbaneløb på skøjter
shot put: kuglestød
shoulder: (en) skulder (skuldre)
shoulder blade: (et) skulderblad (skulderblade)
shout: at råbe (råber, råbte, råbt)
shovel: (en) skovl (skovle)
shower: (en) bruser (brusere)
shower cap: (en) badehætte (badehætter)
shower curtain: (et) badeforhæng (badeforhæng)
shower gel: (en) brusegel
show jumping: ridebanespringning
shrink: at krympe (krymper, krympede, krympet)
shuttlecock: (en) fjerbold (fjerbolde)
shy: genert (genert, generte)
siblings: søskende
sick: syg (sygt, syge)
side dish: (et) tilbehør (tilbehør)
side door: (en) sidedør (sidedøre)
side effect: (en) bivirkning (bivirkninger)
Sierra Leone: Sierra Leone
signal: (et) signal (signaler)
signature: (en) underskrift (underskrifter)
silent: lydløs (lydløst, lydløse)
silicon: silicium
silk: silke
silly: fjollet (fjollet, fjollede)
silver: sølv
silver medal: (en) sølvmedalje (sølvmedaljer)
sing: at synge (synger, sang, sunget)
Singapore: Singapore
singer: (en) sanger (sangere)
single room: (et) enkeltværelse (enkeltværelser)
sink: (en) vask (vaske)
siren: (en) sirene (sirener)
sister-in-law: (en) svigerinde (svigerinder)
sit: at sidde (sidder, sad, siddet)
sit-ups: mavebøjninger
skateboarding: skateboarding
skates: skøjter
skeleton: skeleton , (et) skelet (skeletter)
skewer: (et) spyd (spyd)
ski: (en) ski (ski)
skiing: skiløb
ski jumping: skihop

skinny: mager (magert, magre)
ski pole: (en) skistav (skistave)
ski resort: (et) skisportssted (skisportssteder)
skirt: (en) nederdel (nederdele)
ski suit: (en) skidragt (skidragter)
skull: (et) kranium (kranier)
skyscraper: (en) skyskraber (skyskrabere)
sledge: (en) slæde (slæder)
sleep: at sove (sover, sov, sovet)
sleeping bag: (en) sovepose (soveposer)
sleeping mask: (en) sovemaske (sovemasker)
sleeping pill: (en) sovepille (sovepiller)
sleeve: (et) ærme (ærmer)
slide: (en) rutsjebane (rutsjebaner)
slim: slank (slankt, slanke)
slippers: hjemmesko
slope: (en) skråning (skråninger)
Slovakia: Slovakiet
Slovenia: Slovenien
slow: langsom (langsomt, langsomme)
small: lille (lille, små)
small intestine: (en) tyndtarm (tyndtarme)
smartphone: (en) smartphone (smartphones)
smell: at lugte (lugter, lugtede, lugtet)
smile: at smile (smiler, smilede, smilet)
smoke: at ryge (ryger, røg, røget)
smoke detector: (en) røgalarm (røgalarmer)
smoothie: smoothie
smoothing plane: (en) høvl (høvle)
snack: (et) mellemmåltid (mellemmåltider)
snail: (en) snegl (snegle)
snake: (en) slange (slanger)
snare drum: (en) lilletromme (lilletrommer)
snooker: snooker
snooker table: (et) snookerbord (snookerborde)
snow: (en) sne
snowboarding: snowboarding
snowmobile: (en) snescooter (snescootere)
soap: (en) sæbe (sæber)
sober: ædru (ædru, ædru)
social media: sociale medier
sock: (en) sok (sokker)
soda: danskvand
sodium: natrium
sofa: (en) sofa (sofaer)
soft: blød (blødt, bløde)
soil: jord
solar eclipse: (en) solformørkelse (solformørkelser)
solar panel: (et) solpanel (solpaneler)
soldier: (en) soldat (soldater)
sole: (en) sål (såle)
solid: (en) fast form (faste former)
Solomon Islands: Salomonøerne
Somalia: Somalia
son: (en) søn (sønner)
son-in-law: (en) svigersøn (svigersønner)
soother: (en) sut (sutter)
sore throat: ondt i halsen

sorry: undskyld
soup: (en) suppe (supper)
sour: sur (surt, sure)
sour cream: (en) creme fraiche
south: syd
South Africa: Sydafrika
southern hemisphere: sydlige halvkugle
South Korea: Sydkorea
South Pole: Sydpolen
South Sudan: Sydsudan
souvenir: (en) souvenir (souvenirer)
soy: soja
soy milk: sojamælk
space: (et) mellemrum (mellemrum)
space shuttle: (et) rumskib (rumskibe)
space station: (en) rumstation (rumstationer)
space suit: (en) rumdragt (rumdragter)
spaghetti: spaghetti
Spain: Spanien
Spanish: spansk
sparkling wine: mousserende vin
speed limit: (en) hastighedsbegrænsning (hastighedsbegrænsninger)
speedometer: (et) speedometer (speedometre)
speed skating: hurtigløb på skøjter
sperm: (et) sperma
sphere: (en) kugle (kugler)
spider: (en) edderkop (edderkopper)
spinach: (en) spinat
spinal cord: (en) rygmarv
spine: (en) rygrad (rygrade)
spirit level: (et) vaterpas (vaterpasser)
spit: at spytte (spytter, spyttede, spyttet)
spleen: (en) milt (milte)
sponge: (en) svamp (svampe)
spoon: (en) ske (skeer)
sports ground: (en) sportsplads (sportspladser)
sports shop: (en) sportsbutik (sportsbutikker)
spray: (en) spray (spray)
spring: (et) forår (forår)
spring onion: (et) forårsløg (forårsløg)
spring roll: (en) forårsrulle (forårsruller)
sprint: sprint
square: firkantet (firkantet, firkantede), (en) firkant (firkanter), (et) torv (torve)
square meter: kvadratmeter
squat: squat
squid: (en) blæksprutte (blæksprutter)
squirrel: (et) egern (egern)
Sri Lanka: Sri Lanka
staff: (et) personale (personaler)
stage: (en) scene (scener)
stairs: (en) trappe (trapper)
stalk: (en) stilk (stilke)
stamp: (et) frimærke (frimærker)
stand: at stå (står, stod, stået)
stapler: (en) hæftemaskine (hæftemaskiner)
star: (en) stjerne (stjerner)
stare: at stirre (stirrer, stirrede, stirret)
starfish: (en) søstjerne (søstjerner)

starter: (en) forret (forretter)
state: (en) stat (stater)
steak: (en) bøf (bøffer)
steal: at stjæle (stjæler, stjal, stjålet)
steam train: (et) damplokomotiv (damplokomotiver)
steel: (et) stål (stål)
steel beam: (en) stålbjælke (stålbjælker)
steep: stejl (stejlt, stejle)
steering wheel: (et) rat (rat)
stepdaughter: (en) steddatter (steddøtre)
stepfather: (en) stedfar (stedfædre)
stepmother: (en) stedmor (stedmødre)
stepson: (en) stedsøn (stedsønner)
stethoscope: (et) stetoskop (stetoskoper)
stewardess: (en) stewardesse (stewardesser)
stockbroker: (en) børsmægler (børsmæglere)
stock exchange: (en) børs (børser)
stocking: (en) strømpe (strømper)
stomach: (en) mavesæk (mavesække)
stomach ache: (en) mavepine
stool: (en) taburet (taburetter)
stopwatch: (et) stopur (stopure)
stork: (en) stork (storke)
storm: (en) storm (storme)
straight: lige , glat
straight line: (en) ret linje (rette linjer)
strange: sær (sært, sære)
strawberry: (et) jordbær (jordbær)
stream: (et) vandløb (vandløb)
street food: street food
street light: (en) gadelampe (gadelamper)
stress: (en) stress
stretching: udstrækning
strict: streng (strengt, strenge)
stroke: (et) slagtilfælde (slagtilfælde)
strong: stærk (stærkt, stærke)
strontium: strontium
study: at studere (studerer, studerede, studeret)
stupid: dum (dumt, dumme)
submarine: (en) ubåd (ubåde)
subtraction: subtraktion
suburb: (en) forstad (forstæder)
subway: (en) undergrundsbane (undergrundsbaner)
Sudan: Sudan
suddenly: pludselig
Sudoku: (en) sudoku (sudokuer)
sugar: sukker
sugar beet: sukkerroe
sugar cane: sukkerrør
sugar melon: (en) honningmelon (honningmeloner)
suit: (et) jakkesæt (jakkesæt)
sulphur: svovl
summer: (en) sommer (somre)
sun: (en) sol (sole)
sunburn: (en) solskoldning
Sunday: (en) søndag (søndage)
sunflower: (en) solsikke (solsikker)
sunflower oil: solsikkeolie

sunglasses: (et par) solbriller
sun hat: (en) solhat (solhatte)
sunny: solrig (solrigt, solrige)
sunscreen: (en) solcreme (solcremer)
sunshine: (et) solskin
supermarket: (et) supermarked (supermarkeder)
surfboard: (et) surfbræt (surfbrætter)
surfing: surfing
surgeon: (en) kirurg (kirurger)
surgery: (en) kirurgi
Suriname: Surinam
surprised: overrasket
sushi: sushi
suspect: (en) mistænkt (mistænkte)
suture: (en) sutur (suturer)
swallow: at sluge (sluger, slugte, slugt)
swan: (en) svane (svaner)
Swaziland: Swaziland
sweatband: (et) svedbånd (svedbånd)
sweater: (en) sweater (sweatere)
sweatpants: (et par) joggingbukser
Sweden: Sverige
sweet: sød (sødt, søde)
sweet potato: (en) sød kartoffel (søde kartofler)
swim: at svømme (svømmer, svømmede, svømmet)
swim cap: (en) svømmehætte (svømmehætter)
swim goggles: (et par) svømmebriller
swimming: svømning
swimming pool: (en) svømmebassin (svømmebassiner), (en) svømmehal (svømmehaller)
swimsuit: (en) badedragt (badedragter)
swim trunks: (et par) badebukser
swing: (en) gynge (gynger)
Switzerland: Schweiz
symphony: (en) symfoni (symfonier)
synagogue: (en) synagoge (synagoger)
synchronized swimming: synkronsvømning
Syria: Syrien
syringe: (en) sprøjte (sprøjter)
São Tomé and Príncipe: Sao Tome og Principe

T

T-shirt: (en) T-shirt (T-shirts)
table: (et) bord (borde)
tablecloth: (en) dug (duge)
table of contents: (en) indholdsfortegnelse (indholdsfortegnelser)
table tennis: bordtennis
table tennis table: (et) bordtennisbord (bordtennisborde)
taekwondo: taekwondo
tailor: (en) skrædder (skræddere)
Taiwan: Taiwan
Tajikistan: Tadsjikistan
take: at tage (tager, tog, taget)
take a shower: at tage et brusebad (tager, tog, taget)
take care: pas på
talk: at tale (taler, talte, talt)
tall: høj (højt, høje)

tambourine: (en) tamburin (tamburiner)
tampon: (en) tampon (tamponer)
tandem: (en) tandem (tandemmer)
tangent: (en) tangent (tangenter)
tango: tango
tank: (en) tank (tanke)
tantalum: tantal
Tanzania: Tanzania
tap: (en) vandhane (vandhaner)
tape measure: (et) målebånd (målebånd)
tapir: (en) tapir (tapirer)
tap water: postevand
tar: (en) tjære
tarantula: (en) tarantel (taranteller)
tattoo: (en) tatovering (tatoveringer)
tax: (en) skat (skatter)
taxi: (en) taxa (taxaer)
taxi driver: (en) taxachauffør (taxachauffører)
tea: te
teacher: (en) lærer (lærere)
teapot: (en) tepotte (tepotter)
technetium: technetium
telephone: (en) telefon (telefoner)
telephone number: (et) telefonnummer (telefonnumre)
telescope: (et) teleskop (teleskoper)
tellurium: tellur
temperature: (en) temperatur (temperaturer)
temple: (en) tinding (tindinger), (et) tempel (templer)
tendon: (en) sene (sener)
tennis: tennis
tennis ball: (en) tennisbold (tennisbolde)
tennis court: (en) tennisbane (tennisbaner)
tennis racket: (en) tennisketsjer (tennisketsjere)
tent: (et) telt (telte)
tequila: tequila
terbium: terbium
term: (et) semester (semestre)
termite: (en) termit (termitter)
terrace: (en) terrasse (terrasser)
territory: (et) område (områder)
testament: (et) testamente (testamenter)
testicle: (en) testikel (testikler)
Tetris: tetris
text: (en) tekst (tekster)
textbook: (en) lærebog (lærebøger)
text message: (en) tekstbesked (tekstbeskeder)
Thailand: Thailand
thallium: thallium
Thanksgiving: thanksgiving
thank you: tak
that: det
theatre: (et) teater (teatre)
The Bahamas: Bahamas
the day after tomorrow: i overmorgen
the day before yesterday: i forgårs
The Gambia: Gambia
their company: deres virksomhed
theme park: (en) temapark (temaparker)

then: så
theory of relativity: (en) relativitetsteori
there: der
thermal underwear: termoundertøj
thermos jug: (en) termokande (termokander)
thesis: (en) afhandling (afhandlinger)
The United States of America: Amerikas Forenede Stater
they: de
thief: (en) tyv (tyve)
think: at tænke (tænker, tænkte, tænkt)
third: tredje
thirsty: tørstig (tørstigt, tørstige)
this: dette
this month: denne måned
this week: denne uge
this year: dette år
thong: (en) g-streng (g-strenge)
thorium: thorium
threaten: at true (truer, truede, truet)
three quarters of an hour: tre kvarter
thriller: (en) thriller (thrillere)
throttle: (en) gaspedal (gaspedaler)
throw: at kaste (kaster, kastede, kastet)
thulium: thulium
thumb: (en) tommelfinger (tommelfingre)
thunder: (en) torden
thunderstorm: (et) tordenvejr (tordenvejr)
Thursday: (en) torsdag (torsdage)
thyme: timian
ticket: (en) billet (billetter)
ticket office: (et) billetkontor (billetkontorer)
ticket vending machine: (en) billetautomat (billetautomater)
tidal wave: (en) flodbølge (flodbølger)
tie: (et) slips (slips)
tiger: (en) tiger (tigre)
tile: (en) flise (fliser)
timetable: (en) køreplan (køreplaner)
tin: tin , (en) dåse (dåser)
tip: drikkepenge
tired: træt (træt, trætte)
tissue: (et) lommetørklæde (lommetørklæder)
titanium: titan
toaster: (en) brødrister (brødristere)
tobacco: tobak
today: i dag
toe: (en) tå (tæer)
tofu: tofu
together: sammen
Togo: Togo
toilet: (et) toilet (toiletter)
toilet brush: (en) toiletbørste (toiletbørster)
toilet paper: (et) toiletpapir
toll: (en) vejafgift (vejafgifter)
tomasauce: (en) ketchup
tomato: (en) tomat (tomater)
tomorrow: i morgen
ton: (et) ton (ton)
Tonga: Tonga

tongue: (en) tunge (tunger)
tooth: (en) tand (tænder)
toothache: (en) tandpine
toothbrush: (en) tandbørste (tandbørster)
toothpaste: (en) tandpasta (tandpastaer)
torch: (en) lommelygte (lommelygter)
tornado: (en) tornado (tornadoer)
tortoise: (en) skildpadde (skildpadder)
touch: at røre (rører, rørte, rørt)
tour guide: (en) tur guide (tur guider)
tourist attraction: (en) turistattraktion (turistattraktioner)
tourist guide: (en) turistguide (turistguider)
tourist information: (en) turistinformation (turistinformationer)
towel: (et) håndklæde (håndklæder)
town hall: (et) rådhus (rådhuse)
toy shop: (en) legetøjsbutik (legetøjsbutikker)
track cycling: banecykling
tracksuit: (en) træningsdragt (træningsdragter)
tractor: (en) traktor (traktorer)
traffic jam: (en) trafikprop (trafikpropper)
traffic light: (et) trafiklys (trafiklys)
trailer: (en) anhænger (anhængere)
train: (et) tog (toge)
train driver: (en) lokomotivfører (lokomotivførere)
trainers: kondisko
train station: (en) togstation (togstationer)
tram: (en) sporvogn (sporvogne)
trampoline: (en) trampolin (trampoliner)
trapezoid: (en) trapez (trapezer)
travel: at rejse (rejser, rejste, rejst)
travel agent: (en) rejsearrangør (rejsearrangører)
treadmill: (et) løbebånd (løbebånd)
tree: (et) træ (træer)
tree house: (en) træhytte (træhytter)
triangle: (en) triangel (triangler), (en) trekant (trekanter)
triathlon: triatlon
Trinidad and Tobago: Trinidad og Tobago
triple jump: trespring
triplets: trillinger
tripod: (et) kamerastativ (kamerastativer)
trombone: (en) basun (basuner)
tropics: troperne
trousers: (et par) bukser
truffle: (en) trøffel (trøfler)
trumpet: (en) trompet (trompeter)
trunk: (en) stamme (stammer)
tuba: (en) tuba (tubaer)
Tuesday: (en) tirsdag (tirsdage)
tulip: (en) tulipan (tulipaner)
tuna: (en) tunfisk (tunfisk)
tungsten: wolfram
Tunisia: Tunesien
Turkey: Tyrkiet
turkey: (en) kalkun (kalkuner), (et) kalkunkød
Turkmenistan: Turkmenistan
turnip cabbage: (en) majroe (majroer)
turn left: drej til venstre
turn off: at slukke (slukker, slukkede, slukket)

turn on: at tænde (tænder, tændte, tændt)
turn right: drej til højre
turtle: (en) skildpadde (skildpadder)
Tuvalu: Tuvalu
TV: (et) fjernsyn (fjernsyn)
TV series: (en) TV serie (TV serier)
TV set: (et) fjernsyn (fjernsyn)
tweezers: (en) pincet (pincetter)
twins: tvillinger
twisting: kurvet
two o'clock in the afternoon: klokken to om eftermiddagen
typhoon: (en) tyfon (tyfoner)
tyre: (et) dæk (dæk)

U

Uganda: Uganda
ugly: grim (grimt, grimme)
Ukraine: Ukraine
ukulele: (en) ukulele (ukuleler)
ultrasound machine: (en) ultralydsmaskine (ultralydsmaskiner)
umbrella: (en) paraply (paraplyer)
uncle: (en) onkel (onkler)
underpants: (et par) underbukser
underpass: (en) fodgængertunnel (fodgængertunneler)
underscore: (en) understregning (understregninger)
undershirt: (en) undertrøje (undertrøjer)
unfair: uretfærdig (uretfærdigt, uretfærdige)
uniform: (en) uniform (uniformer)
United Arab Emirates: Forenede Arabiske Emirater
United Kingdom: Storbritannien
university: (et) universitet (universiteter)
uranium: uran
Uranus: Uranus
url: (en) webadresse (webadresser)
urn: (en) urne (urner)
urology: urologi
Uruguay: Uruguay
USB stick: (et) USB stik (USB stik)
uterus: (en) livmoder (livmodere)
utility knife: (en) hobbykniv (hobbyknive)
Uzbekistan: Usbekistan

V

vacuum: at støvsuge (støvsuger, støvsugede, støvsuget)
vacuum cleaner: (en) støvsuger (støvsugere)
vagina: (en) vagina (vaginaer)
valley: (en) dal (dale)
vanadium: vanadium
vanilla: vanilje
vanilla sugar: vaniljesukker
Vanuatu: Vanuatu
varnish: (en) lak
vase: (en) vase (vaser)

Vatican City: Vatikanstaten
veal: (et) kalvekød
vector: (en) vektor (vektorer)
vein: (en) vene (vener)
Venezuela: Venezuela
Venus: Venus
vertebra: (en) ryghvirvel (ryghvirvler)
very: meget
vet: (en) dyrlæge (dyrlæger)
Viennese waltz: wienervals
Vietnam: Vietnam
village: (en) landsby (landsbyer)
vinegar: eddike
viola: (en) viola (violaer)
violin: (en) violin (violiner)
virus: (en) virus (virusser)
visa: (et) visum (visa)
visiting hours: (en) besøgstid (besøgstider)
visitor: (en) besøgende (besøgende)
vitamin: (et) vitamin (vitaminer)
vocational training: (en) erhvervsuddannelse (erhvervsuddannelser)
vodka: vodka
voice message: (en) talebesked (talebeskeder)
volcano: (en) vulkan (vulkaner)
volleyball: volleyball
volt: (en) volt (volt)
volume: (en) volumen (volumener)
vomit: at kaste op (kaster, kastede, kastet)
vote: at stemme (stemmer, stemte, stemt)

W

waffle: (en) vaffel (vafler)
waist: (en) talje (taljer)
wait: at vente (venter, ventede, ventet)
waiter: (en) tjener (tjenere)
waiting room: (et) venteværelse (venteværelser)
walk: at gå (går, gik, gået)
walkie-talkie: (en) walkie talkie (walkie talkier)
wall: (en) væg (vægge)
wallet: (en) tegnebog (tegnebøger)
walnut: (en) valnød (valnødder)
walrus: (en) hvalros (hvalrosser)
waltz: vals
wardrobe: (en) garderobe (garderober)
warehouse: (et) lager (lagre)
warm: varm (varmt, varme)
warm-up: opvarmning
warn: at advare (advarer, advarede, advaret)
warning light: (et) advarselslys (advarselslys)
warranty: (en) garanti (garantier)
wash: at vaske (vasker, vaskede, vasket)
washing machine: (en) vaskemaskine (vaskemaskiner)
washing powder: (et) vaskepulver (vaskepulvere)
wasp: (en) hveps (hvepse)
watch: at se (ser, så, set), (et) armbåndsur (armbåndsure)
water: vand

water bottle: (en) vandflaske (vandflasker)
water can: (en) vandkande (vandkander)
waterfall: (et) vandfald (vandfald)
water melon: (en) vandmelon (vandmeloner)
water park: (et) vandland (vandlande)
water polo: vandpolo
waterskiing: vandski
water slide: (en) vandrutsjebane (vandrutsjebaner)
watt: (en) watt (watt)
we: vi
weak: svag (svagt, svage)
webcam: (et) webcam (webcams)
website: (en) webside (websider)
wedding: (et) bryllup (bryllupper)
wedding cake: (en) bryllupskage (bryllupskager)
wedding dress: (en) brudekjole (brudekjoler)
wedding ring: (en) vielsesring (vielsesringe)
Wednesday: (en) onsdag (onsdage)
weed: (et) ukrudt
week: (en) uge (uger)
weightlifting: vægtløftning
welcome: velkommen
well-behaved: velopdragen (velopdragent, velopdragne)
wellington boots: gummistøvler
west: vest
western film: (en) western (western)
wet: våd (vådt, våde)
wetsuit: (en) våddragt (våddragter)
whale: (en) hval (hvaler)
what: hvad
What's your name?: Hvad hedder du?
wheat: hvede
wheelbarrow: (en) trillebør (trillebøre)
wheelchair: (en) kørestol (kørestole)
when: hvornår
where: hvor
Where is the toilet?: Hvor er toilettet?
which: hvilken
whip: (en) pisk (piske)
whipped cream: (et) flødeskum
whiskey: whisky
whisper: at hviske (hvisker, hviskede, hvisket)
white: hvid (hvidt, hvide)
white wine: hvidvin
who: hvem
why: hvorfor
widow: (en) enke (enker)
widower: (en) enkemand (enkemænd)
width: (en) bredde (bredder)
wife: (en) kone (koner)
wig: (en) paryk (parykker)
willow: (et) piletræ (piletræer)
win: at vinde (vinder, vandt, vundet)
wind: (en) vind (vinde)
wind farm: (en) vindmøllepark (vindmølleparker)
window: (et) vindue (vinduer)
windpipe: (et) luftrør (luftrør)
windscreen: (en) forrude (forruder)

windscreen wiper: (en) vinduesvisker (vinduesviskere)
windsurfing: windsurfing
windy: blæsende (blæsende, blæsende)
wine: vin
wing: (en) vinge (vinger)
wing mirror: (et) sidespejl (sidespejle)
winter: (en) vinter (vintre)
wire: (en) wire (wirer)
witness: (et) vidne (vidner)
wolf: (en) ulv (ulve)
woman: (en) kvinde (kvinder)
womb: (en) livmoder (livmodere)
wooden beam: (en) træbjælke (træbjælker)
wooden spoon: (en) træske (træskeer)
woodwork: (et) træarbejde (træarbejder)
wool: uld
work: at arbejde (arbejder, arbejdede, arbejdet)
workroom: (et) arbejdsværelse (arbejdsværelser)
world record: (en) verdensrekord (verdensrekorder)
worried: bekymret
wound: (et) sår (sår)
wrestling: brydning
wrinkle: (en) rynke (rynker)
wrist: (et) håndled (håndled)
write: at skrive (skriver, skrev, skrevet)
wrong: forkert (forkert, forkerte)

X

X-ray photograph: (et) røntgenbillede (røntgenbilleder)
xenon: xenon
xylophone: (en) xylofon (xylofoner)

Y

yacht: (en) yacht (yachter)
yard: yard
year: (et) år (år)
yeast: gær
yellow: gul (gult, gule)
Yemen: Yemen
yen: (en) yen (yen)
yesterday: i går
yoga: yoga
yoghurt: (en) yoghurt
yolk: (en) æggeblomme (æggeblommer)
you: du , I
young: ung (ungt, unge)
your cat: din kat
your team: jeres hold
ytterbium: ytterbium
yttrium: yttrium
yuan: (en) yuan (yuan)

Z

Zambia: Zambia
zebra: (en) zebra (zebraer)
Zimbabwe: Zimbabwe
zinc: zink
zip code: (et) postnummer (postnumre)
zipper: (en) lynlås (lynlåse)
zirconium: zirconium
zoo: (en) zoo (zooer)

Danish - English

A

abe: monkey
abrikos: apricot
actinium: actinium
addition: addition
adfærdsterapi: behaviour therapy
adgangskode: password
administrerende direktør: general manager
adresse: address
advarselslys: warning light
advokat: lawyer
aerobic: aerobics
afdeling: department
afgang: departure
Afghanistan: Afghanistan
afhandling: thesis
aftale: appointment
aften: evening
aftenkjole: evening dress
aftensmad: dinner
aftershave: aftershave
agurk: cucumber
ahorn: maple
ahornsirup: maple syrup
airbag: airbag
akacie: acacia
akillessene: Achilles tendon
aktie: share
aktiekurs: share price
akupunktur: acupuncture
akvarium: aquarium
Albanien: Albania
albue: elbow
alfabet: alphabet
Algeriet: Algeria
alle: all
allerede: already
allergi: allergy
allé: avenue
altan: balcony
altid: always
aluminium: aluminium
Amazonas: Amazon
ambassade: embassy
ambulance: ambulance
ambulant: outpatient
americium: americium
amerikansk fodbold: football
Amerikansk Samoa: American Samoa
Amerikas Forenede Stater: The United States of America
ampere: ampere
ananas: pineapple

and: duck
anden: second
anden kælderetage: second basement floor
Andesbjergene: Andes
Andorra: Andorra
andre: other
Angola: Angola
anhænger: trailer
ankel: ankle
anker: anchor
anklager: prosecutor
ankomst: arrival
anorak: anorak
ansigtscreme: face cream
ansigtsmaske: face mask
anti-rynkecreme: antiwrinkle cream
antibiotikum: antibiotics
Antigua og Barbuda: Antigua and Barbuda
antimon: antimony
antiseptisk middel: antiseptic
anus: anus
apostrof: apostrophe
apotek: pharmacy
app: app
appelsin: orange
appelsinjuice: orange juice
april: April
arabisk: Arabic
arbejdsgiver: employer
arbejdsværelse: workroom
areal: area
Argentina: Argentina
argon: argon
aritmetik: arithmetic
arkitekt: architect
arm: arm
armbånd: bracelet
armbåndsur: watch
armbøjninger: push-up
Armenien: Armenia
aromaterapi: aromatherapy
arsen: arsenic
artikel: article
artiskok: artichoke
Aruba: Aruba
arv: heritage
arving: heir
Aserbajdsjan: Azerbaijan
asfalt: asphalt
aske: ash
aspirin: aspirin
assistent: assistant
astat: astatine
asteroide: asteroid
astma: asthma
at advare: to warn
at angribe: to attack
at arbejde: to work

at bage: to bake
at bede: to pray
at beregne: to calculate
at besvime: to faint
at betale: to pay
at bide: to bite
at bore: to drill
at brænde: to burn
at bære: to carry
at citere: to quote
at dele: to share
at drikke: to drink
at dræbe: to kill
at drømme: to dream
at dø: to die
at elske: to love
at falde: to fall
at fange: to catch
at fejle: to fail
at fejre: to celebrate
at finde: to find
at fiske: to fish
at flyve: to fly
at fodre: to feed
at forsvare: to defend
at følge: to follow
at gamble: to gamble
at gemme: to hide
at gifte sig: to marry
at give: to give
at give massage: to give a massage
at grave: to dig
at grine: to laugh
at græde: to cry
at gå: to walk
at hamre: to hammer
at hjælpe: to help
at hoppe: to jump
at hvile: to rest
at hviske: to whisper
at kaste: to throw
at kaste op: to vomit
at klatre: to climb
at klippe: to cut
at koge: to boil
at komme: to come
at kopiere: to copy
at kravle: to crawl
at krympe: to shrink
at kunne lide: to like
at kysse: to kiss
at kæmpe: to fight
at købe: to buy
Atlanterhavet: Atlantic Ocean
at lave mad: to cook
at lede efter: to look for
at lege: to play
at leve: to live

at levere: to deliver
at ligge: to lie
at lugte: to smell
at lukke: to close
at lytte: to listen
at låse: to lock
at læse: to read
at løbe: to run
at løfte: to lift
at male: to paint
atmosfære: atmosphere
at måle: to measure
at møde: to meet
at nyde: to enjoy
atom: atom
atomkraftværk: nuclear power plant
atomnummer: atomic number
at presse: to press
at redde: to rescue
at rejse: to travel
at rengøre: to clean
at reparere: to fix
at ringe: to call
at rulle: to roll
at ryge: to smoke
at ryste: to shiver
at råbe: to shout
at røre: to touch
at save: to saw
at scanne: to scan
at se: to watch
at sidde: to sit
at skade: to injure
at skrive: to write
at skubbe: to push
at skyde: to shoot
at skændes: to argue
at sluge: to swallow
at slukke: to turn off
at slå: to hit
at smile: to smile
at sove: to sleep
at sparke: to kick
at spise: to eat
at spytte: to spit
at spørge: to ask
at stege: to fry
at stemme: to vote
at stirre: to stare
at stjæle: to steal
at stryge: to iron
at studere: to study
at stå: to stand
at støvsuge: to vacuum
at svare: to answer
at svømme: to swim
at synge: to sing
at sælge: to sell

at sætte: to put
at tabe: to lose
at tabe sig: to lose weight
at tage: to take
at tage et brusebad: to take a shower
at tage på i vægt: to gain weight
at tale: to talk
at tjene: to earn
at true: to threaten
at trække: to pull
at tælle: to count
at tænde: to turn on
at tænke: to think
at tørre: to dry
at udskrive: to print
at vaske: to wash
at vente: to wait
at vide: to know
at vinde: to win
at vokse: to grow
at vædde: to bet
at vælge: to choose
at åbne: to open
at ånde: to breathe
at øve: to practice
aubergine: aubergine
auditorium: lecture theatre
august: August
Australien: Australia
australsk fodbold: Australian football
automatisk: automatic
avis: newspaper
avocado: avocado

B

baby: baby
babyalarm: baby monitor
bachelor: bachelor
backgammon: backgammon
bacon: bacon
badebukser: swim trunks
badedragt: swimsuit
badeforhæng: shower curtain
badehåndklæde: bath towel
badehætte: shower cap
badekar: bathtub
badekåbe: bathrobe
badetøfler: bathroom slippers
badevægt: scale
badeværelse: bathroom
badminton: badminton
bagage: luggage
bagagerum: rear trunk
bagdel: bottom
bagepulver: baking powder
baglygte: rear light

bagsæde: back seat
bagte bønner: baked beans
bagved: back
Bahamas: The Bahamas
Bahrain: Bahrain
bakke: hill
bakspejl: rear mirror
bakterie: bacterium
ballet: ballet
balletsko: ballet shoes
bambus: bamboo
banan: banana
bandage: bandage
banecykling: track cycling
Bangladesh: Bangladesh
bankkonto: bank account
bankoverførsel: bank transfer
bar: bar
Barbados: Barbados
barberblad: razor blade
barbermaskine: shaver
barberskum: shaving foam
bare rolig: don't worry
barium: barium
barm: bosom
barn: child
barnebarn: grandchild
barnesæde: child seat
barnevogn: pushchair
bartender: barkeeper
baseball: baseball
baseballbat: bat
baseballhandske: mitt
basguitar: bass guitar
basilikum: basil
basketball: basketball
basketbold: basketball
basketkurv: basket
basun: trombone
batteri: battery
beach volleyball: beach volleyball
begravelse: funeral
beige: beige
bekymret: worried
Belgien: Belgium
Belize: Belize
beløb: amount
ben: leg
Benin: Benin
benpres: leg press
benskinne: shinpad
benzin: petrol
berkelium: berkelium
beryllium: beryllium
beskidt: dirty
bestik: cutlery
besøgende: visitor
besøgstid: visiting hours

beton: concrete
betonblander: concrete mixer
betyder ikke noget: doesn't matter
bevis: evidence
bh: bra
Bhutan: Bhutan
bi: bee
bibliotek: library
bibliotekar: librarian
bid: bite
bikini: bikini
bil: car
billard: billiards
bille: bug
billede: picture
billedhuggerkunst: sculpting
billedramme: picture frame
billet: ticket
billetautomat: ticket vending machine
billetkontor: ticket office
billetpris: fare
billig: cheap
bilræs: car racing
bilvask: car wash
bindestreg: hyphen
biograf: cinema
biologi: biology
birk: birch
bismuth: bismuth
bison: bison
bivirkning: side effect
bjerg: mountain
bjergbestigning: mountaineering
bjergkæde: mountain range
bjørn: bear
blad: leaf
blazer: blazer
ble: diaper
bleg: pale
blikkenslager: plumber
blind: blind
blindtarm: appendix
blitz: flash
blodig: bloody
blodprøve: blood test
blomkål: cauliflower
blomme: plum
blomst: blossom
blomsterbed: flower bed
blomsterhandler: florist
blomsterkrukke: flower pot
blond: blond
blues: blues
bly: lead
blyant: pencil
blyantspidser: pencil sharpener
blå: blue
blåbær: blueberry

blåt mærke: bruise
blæk: ink
blæksprutte: octopus
blære: bladder
blæsende: windy
blød: soft
bobslæde: bobsleigh
bodybuilding: bodybuilding
bodylotion: body lotion
bog: book
boghandel: bookshop
bogholder: accountant
bogreol: bookshelf
bogstav: letter
bohrium: bohrium
boksehandske: boxing glove
boksering: boxing ring
boksning: boxing
Bolivia: Bolivia
bomuld: cotton
booking: booking
bor: boron
bord: table
bordtennis: table tennis
bordtennisbord: table tennis table
boremaskine: drilling machine
Bosnien: Bosnia
botanisk have: botanic garden
Botswana: Botswana
bowling: bowling
bowlingkugle: bowling ball
brand: fire
brandalarm: fire alarm
brandbil: fire truck
brandhane: hydrant
brandmand: firefighter
brandslukker: fire extinguisher
brandstation: fire station
brandvæsen: firefighters
brandy: brandy
Brasilien: Brazil
breakdance: breakdance
bred: broad
bredde: width
breddegrad: latitude
bregne: fern
bremse: brake
bremselys: brake light
brev: letter
bridge: bridge
briller: glasses
brint: hydrogen
bro: bridge
broccoli: broccoli
broche: brooch
brom: bromine
brombær: blackberry
bronzemedalje: bronze medal

brownie: brownie
browser: browser
brud: bride
brudekjole: wedding dress
brudgom: groom
brun: brown
Brunei: Brunei
brusegel: shower gel
bruser: shower
brusk: cartilage
brydning: wrestling
bryllup: wedding
bryllupskage: wedding cake
bryllupsrejse: honeymoon
bryst: chest
brystben: breastbone
brystvorte: nipple
brætspil: board game
brød: bread
brødrister: toaster
brøk: fraction
budding: pudding
bueskydning: archery
buffet: buffet
bugspytkirtel: pancreas
bukser: trousers
Bulgarien: Bulgaria
burger: burger
Burkina Faso: Burkina Faso
Burma: Burma
Burundi: Burundi
bus: bus
buschauffør: bus driver
business class: business class
busk: bush
busstoppested: bus stop
butiksassistent: shop assistant
butterfly: bow tie
buttet: chubby
byggeplads: construction site
bygningsarbejder: construction worker
bål: campfire
bæger: cup
bækken: cymbals
bælte: belt
bænk: bench
bænkpres: bench press
bærbar: laptop
bøde: fine
bøf: steak
bøffel: buffalo
bøg: beech
bønne: bean
børnehave: kindergarten
børneværelse: nursery
børs: stock exchange
børsmægler: stockbroker
børste: brush

C

cadmium: cadmium
calcit: calcite
calcium: calcium
californium: californium
Cambodja: Cambodia
Cameroun: Cameroon
camping: camping
campingplads: camping site
campingvogn: caravan
Canada: Canada
candyfloss: candy floss
cappuccino: cappuccino
carbon: carbon
carbondioxid: carbon dioxide
carbonmonoxid: carbon monoxide
cardigan: cardigan
caries: caries
cashewnød: cashew
Caymanøerne: Cayman Islands
CD afspiller: CD player
cello: cello
celsius: centigrade
cement: cement
cementblander: cement mixer
centimeter: centimeter
Centralafrikanske Republik: Central African Republic
centralenhed: central processing unit (CPU)
cerium: cerium
cha-cha-cha: cha-cha
champagne: champagne
champignon: mushroom
chat: chat
check: cheque
check-in-skranke: check-in desk
cheerleader: cheerleader
cheeseburger: cheeseburger
Chile: Chile
chili: chili
chips: chips
chokolade: chocolate
chokoladecreme: chocolate cream
cider: cider
cigar: cigar
cigaret: cigarette
cirkel: circle
citron: lemon
citrongræs: lemongrass
clipboard: clipboard
cockpit: cockpit
cocktail: cocktail
cola: coke
Colombia: Colombia
Comorerne: Comoros
concealer: concealer
container: container

containerskib: container ship
Cookøerne: Cook Islands
cool: cool
copernicium: copernicium
Costa Rica: Costa Rica
courgette: courgette
creme: cream
creme fraiche: sour cream
crepe: crêpe
cricket: cricket
croissant: croissant
crosstrainer: cross trainer
CT-scanner: CT scanner
Cuba: Cuba
curium: curium
curling: curling
cykel: bicycle
cykling: cycling
cylinder: cylinder
Cypern: Cyprus
cæsium: caesium

D

daddel: date
dag: day
dagbog: diary
dal: valley
dam: draughts
damplokomotiv: steam train
Danmark: Denmark
dans: dancing
danser: dancer
dansesko: dancing shoes
danskvand: soda
darmstadtium: darmstadtium
dart: darts
database: database
datter: daughter
de: they
december: December
decimeter: decimeter
delfin: dolphin
Den Demokratiske Republik Congo: Democratic Republic of the Congo
denne måned: this month
denne uge: this week
der: there
deres virksomhed: their company
dermatologi: dermatology
designer: designer
dessert: dessert
det: that
detektiv: detective
Det Indiske Ocean: Indian Ocean
Det Røde Hav: Red Sea
dette: this
dette år: this year

diagonal: diagonal
diamant: diamond
diarre: diarrhea
diesel: diesel
digitalkamera: digital camera
dild: dill
dimission: graduation
dimissionsfest: graduation ceremony
dim sum: dim sum
din kat: your cat
dinosaurus: dinosaur
direktør: director
dirigent: conductor
diskoskast: discus throw
distrikt: district
division: division
DJ: DJ
Djibouti: Djibouti
dobbeltværelse: double room
dollar: dollar
Dominica: Dominica
Dominikanske Republik: Dominican Republic
domino: dominoes
dommer: referee
domstol: court
donkraft: jack
donut: doughnut
dosis: dosage
doven: lazy
dreadlocks: dreadlocks
drej til højre: turn right
drej til venstre: turn left
dreng: boy
drikkepenge: tip
drivhus: greenhouse
du: you
dubnium: dubnium
due: pigeon
dug: tablecloth
dukke: doll
dukkehus: dollhouse
dum: stupid
DVD afspiller: DVD player
dyb: deep
dykkermaske: diving mask
dykning: diving
dyr: expensive
dyrehandel: pet shop
dyrlæge: vet
dysprosium: dysprosium
dårlig: bad
dåse: tin
dæk: deck
dæmning: dam
død: death
dør: door
dørhåndtag: door handle
dørklokke: bell

E

e-mail: e-mail
e-mailadresse: e-mail address
Ecuador: Ecuador
edderkop: spider
eddike: vinegar
eftermiddag: afternoon
efterår: autumn
eg: oak
egern: squirrel
Egypten: Egypt
einsteinium: einsteinium
ejendomsmægler: real-estate agent
eksamen: exam
eksamensbevis: diploma
eksem: eczema
elastik: rubber band
elastikspring: bungee jumping
elefant: elephant
elektriker: electrician
elektrisk guitar: electric guitar
elektrisk stød: electric shock
elektron: electron
elevator: elevator
Elfenbenskysten: Ivory Coast
elg: elk
eller: or
ellipse: ellipse
El Salvador: El Salvador
Elsker du mig?: Do you love me?
embryo: embryo
emhætte: cooker hood
endokrinologi: endocrinology
energidrik: energy drink
engel: angel
engelsk: English
en halv time: half an hour
enke: widow
enkeltværelse: single room
enkemand: widower
ensemble: cast
ensom: lonely
ensrettet vej: one-way street
entreprenør: entrepreneur
epilepsi: epilepsy
episiotomi: episiotomy
erbium: erbium
Er du okay?: Are you ok?
erhvervsuddannelse: vocational training
Eritrea: Eritrea
espresso: espresso
essay: essay
Estland: Estonia
Etiopien: Ethiopia

et kvarter: quarter of an hour
eukalyptustræ: eucalyptus
euro: euro
europium: europium
eyeliner: eyeliner

F

fabrik: factory
fader: father
fagot: bassoon
fahrenheit: Fahrenheit
faktisk: actually
faldskærm: parachute
faldskærmsudspring: parachuting
falk: falcon
Falklandsøerne: Falkland Islands
familiebillede: family picture
familieterapi: family therapy
far: dad
farfar: grandfather
farmaceut: pharmacist
farmor: grandmother
farveblyant: coloured pencil
farvel: good bye
farvet: dyed
fast form: solid
fattig: poor
fax: fax
feber: fever
feber termometer: fever thermometer
februar: February
fedt kød: fat meat
femte sal: fifth floor
feng shui: feng shui
fennikel: fennel
fermium: fermium
fersken: peach
feta: feta
figen: fig
Fiji: Fiji
fil: file
Filippinerne: Philippines
filosofi: philosophy
filter: filter
finger: finger
fingeraftryk: fingerprint
fingernegl: fingernail
Finland: Finland
firkant: square
firkantet: square
fisk: fish
fiskeben: fishbone
fiskebåd: fishing boat
fiskemarked: fish market
fisker: fisherman
fisk og pomfritter: fish and chips

fisk og skaldyr: seafood
fitnesscenter: gym
fjerbold: shuttlecock
fjerde: fourth
fjern: far
fjernbetjening: remote control
fjernsyn: TV
fjollet: silly
flad: flat
fladskærm: flat screen
flagermus: bat
flamingo: flamingo
flaske: bottle
flerovium: flerovium
flipover: flip chart
flise: tile
flod: river
flodbølge: tidal wave
flodhest: hippo
flormelis: icing sugar
flot: handsome
flue: fly
fluor: fluorine
fly: plane
flyer: flyer
flyselskab: airline
flyveleder: air traffic controller
fløde: cream
flødeis: ice cream
flødeskum: whipped cream
fod: foot
fodbold: football
fodboldstadion: football stadium
fodboldstøvler: football boots
fodboldtrøje: jersey
fodgængerfelt: pedestrian crossing
fodgængertunnel: underpass
folder: leaflet
folkemusik: folk music
folkeskole: primary school
forbrænding: burn
fordi: because
foredrag: lecture
foredragsholder: lecturer
Forenede Arabiske Emirater: United Arab Emirates
forfatter: author
forgiftning: poisoning
forkert: wrong
forkølelse: cold
forlag: publisher
forlovede: fiancée
forlovelse: engagement
forlovelsesring: engagement ring
forlygte: front light
formand: chairman
Formel 1: Formula 1
formiddag: morning
forord: preface

forret: starter
forretningskvarter: central business district (CBD)
forretningsmiddag: business dinner
forretningsrejse: business trip
forrude: windscreen
forsikring: insurance
forskning: research
forstad: suburb
forsæde: front seat
fortov: pavement
forår: spring
forårsløg: spring onion
forårsrulle: spring roll
forældre: parents
forældreløst barn: orphan
fosfor: phosphorus
foster: foetus
fotoalbum: photo album
fotograf: photographer
foundation: foundation
fragtfly: cargo aircraft
frakke: coat
francium: francium
Frankrig: France
fransk: French
Fransk Polynesien: French Polynesia
fredag: Friday
freestyle skiløb: freestyle skiing
fregner: freckles
frem: front
frikadelle: meatball
frimærke: stamp
frisør: hairdresser
frokost: lunch
frostvæske: antifreeze fluid
frugthandler: fruit merchant
frugtsalat: fruit salad
fryser: freezer
frø: seed
fugtighed: humidity
fuld: drunk
fyrretræ: pine
fyrtårn: lighthouse
fysik: physics
fysiker: physicist
fysioterapeut: physiotherapist
fysioterapi: physiotherapy
få: few
får: sheep
fårekylling: cricket
fåresyge: mumps
fægtning: fencing
fængsel: prison
færge: ferry
Færøerne: Faroe Islands
fætter: cousin
fødsel: delivery
fødselsattest: birth certificate

fødtselsdag: birthday
fødselsdagsfest: birthday party
fødselsdagskage: birthday cake
første: first
første klasse: first class
første kælderetage: first basement floor
første sal: first floor

G

g-streng: thong
Gabon: Gabon
gadelampe: street light
gadolinium: gadolinium
gaffel: fork
gaffeltruck: forklift truck
galakse: galaxy
galdeblære: gall bladder
gallium: gallium
Gambia: The Gambia
gammel: old
garage: garage
garageport: garage door
garanti: warranty
garderobe: wardrobe
gardin: curtain
gartner: gardener
gas: gas
gaspedal: throttle
gave: present
gavmild: generous
gearskift: gear shift
gearstang: gear lever
ged: goat
gejser: geyser
gekko: gecko
genbrugsbutik: second-hand shop
generator: generator
genert: shy
geografi: geography
geometri: geometry
Georgien: Georgia
gepard: cheetah
germanium: germanium
Ghana: Ghana
Gibraltar: Gibraltar
gin: gin
gips bandage: cast
giraf: giraffe
gladiolus: gladiolus
glas: glass
glasbeholder: jar
glat: straight
glattejern: hair straightener
gletsjer: glacier
glidecreme: lubricant
gluten: gluten

god: good
goddag: good day
godstog: freight train
godt køb: bargain
gokart: kart
golf: golf
golfbane: golf course
golfbold: golf ball
golfkølle: golf club
GPS: GPS
grad: degree
grafit: graphite
gram: gram
granit: granite
grapefrugt: grapefruit
grav: grave
gravemaskine: excavator
graviditetstest: pregnancy test
gren: branch
Grenada: Grenada
grensaks: loppers
grill: barbecue
grim: ugly
gris: pig
gruppeterapi: group therapy
gryde: pot
grå: grey
grådig: greedy
Grækenland: Greece
græs: grass
græshoppe: grasshopper
græskar: pumpkin
græsslåmaskine: lawn mower
grød: porridge
grøn: green
Grønland: Greenland
grøn te: green tea
Guatemala: Guatemala
Guinea: Guinea
Guinea-Bissau: Guinea-Bissau
guitar: guitar
gul: yellow
guld: gold
Guld er dyrere end sølv: Gold is more expensive than silver
guldmedalje: gold medal
guldsmed: jeweller
gulerod: carrot
gullasch: goulash
gulv: floor
gulvtæppe: carpet
gummibåd: rubber boat
gummistempel: rubber stamp
gummistøvler: wellington boots
Guyana: Guyana
gyde: alley
gymnasium: high school
gymnastik: gymnastics
gynge: swing

gyngestol: rocking chair
gynækologi: gynaecology
gyserfilm: horror movie
gågade: pedestrian area
gå ligeud: go straight
gård: farm
gås: goose
gær: yeast
gæst: guest

H

hafnium: hafnium
hage: chin
hagesmæk: bib
Haiti: Haiti
haj: shark
hakke: hoe
hakket kød: minced meat
hallo: hello
halloween: Halloween
hals: neck
halskrave: neck brace
halskæde: necklace
halstørklæde: scarf
halvmetal: metalloid
halvø: peninsula
hamburger: hamburger
hammer: hammer
hammerkast: hammer throw
hamster: hamster
han: he
handelsskole: business school
handske: glove
hane: cockerel
hangarskib: aircraft carrier
hans bil: his car
harddisk: hard drive
harmonika: accordion
harpe: harp
hasselnød: hazelnut
hassium: hassium
hastighedsbegrænsning: speed limit
hat: hat
hav: sea
have: garden
havn: harbour
havre: oat
havregryn: oatmeal
heavy metal: heavy metal
hed: hot
hegn: fence
hej: hi
hej hej: bye bye
helikopter: helicopter
helium: helium
hellig: holy

hendes kjole: her dress
her: here
hest: horse
hestehale: ponytail
Himalaya: Himalayas
hindbær: raspberry
historie: history
hjelm: helmet
hjemmesko: slippers
hjerne: brain
hjernerystelse: concussion
hjerte: heart
hjerteanfald: heart attack
hjort: deer
hobbykniv: utility knife
hockey: field hockey
hockeystav: hockey stick
Holland: Netherlands
holmium: holmium
homøopati: homoeopathy
Honduras: Honduras
Hong Kong: Hong Kong
honning: honey
honningmelon: sugar melon
horn: horn
hospital: hospital
hoste: cough
hostesaft: cough syrup
hotdog: hot dog
hotel: hotel
hot pot: hot pot
hoved: head
hoveddør: front door
hovedpine: headache
hovedskade: head injury
hovedstad: capital
hule: cave
hulmaskine: hole puncher
humlebi: bumblebee
hummer: lobster
hun: she
hund: dog
hundehus: kennel
hurtig: quick
hurtigløb på skøjter: speed skating
hus: house
husskade: magpie
hvad: what
Hvad hedder du?: What's your name?
hval: whale
hvalros: walrus
hvede: wheat
hvem: who
hveps: wasp
hver: every
hvid: white
Hviderusland: Belarus
hvidløg: garlic

hvidvin: white wine
hvilken: which
hvis: if
hvor: where
hvordan: how
Hvordan går det?: How are you?
Hvor er toilettet?: Where is the toilet?
hvorfor: why
hvor mange?: how many?
hvor meget?: how much?
Hvor meget koster dette?: How much is this?
hvornår: when
hydroterapi: hydrotherapy
hygiejnebind: sanitary towel
hylde: shelf
hypnose: hypnosis
hånd: hand
håndbagage: carry-on luggage
håndbold: handball
håndbremse: hand brake
håndflade: palm
håndjern: handcuff
håndklæde: towel
håndled: wrist
håndmikser: mixer
håndsav: handsaw
håndtaske: handbag
håndvask: basin
håndvægt: dumbbell
hår: hair
hård: hard
hårelastik: scrunchy
hårgelé: hair gel
hårspænde: barrette
hårtørrer: hairdryer
hæftemaskine: stapler
hæk: hedge
hækkeløb: hurdles
hæl: heel
hæmoride: hemorrhoid
høfeber: hay fever
høj: tall
højde: height
højdespring: high jump
høje hæle: high heels
højhastighedstog: high-speed train
højre: right
højspændingsledning: power line
højt: loud
højtaler: loudspeaker
højt blodtryk: high blood pressure
høretelefon: earphone
høtyv: pitchfork
høvl: smoothing plane

I

I: you
i dag: today
idræt: physical education
i forgårs: the day before yesterday
igen: again
i går: yesterday
ikke: not
ikkemetal: non-metal
ikon: icon
ild: fire
ilt: oxygen
i morgen: tomorrow
indbakke: inbox
inde: inside
indhold: content
indholdsfortegnelse: table of contents
Indien: India
indium: indium
indkøbscenter: shopping mall
indkøbskurv: shopping basket
indkøbsvogn: shopping cart
Indonesien: Indonesia
industriområde: industrial district
infektion: infection
influenza: flu
infusion: infusion
ingefær: ginger
ingen: none
ingeniør: engineer
inhalator: inhaler
instant kamera: instant camera
instruktør: director
instrumentbræt: dashboard
insulin: insulin
intensivafdeling: intensive care unit
intet problem: no worries
investering: investment
ion: ion
i overmorgen: the day after tomorrow
Irak: Iraq
Iran: Iran
iridium: iridium
iris: iris
Irland: Ireland
is: ice
isbjørn: polar bear
ishockey: ice hockey
iskaffe: iced coffee
isklatring: ice climbing
Island: Iceland
isoleringsbånd: insulating tape
isotop: isotope
Israel: Israel
IT: IT
Italien: Italy

J

jackfrugt: jackfruit
jade: jade
jakke: jacket
jakkesæt: suit
Jamaica: Jamaica
januar: January
Japan: Japan
japansk: Japanese
jazz: jazz
jeans: jeans
jeg: I
Jeg elsker dig: I love you
jeg er enig: I agree
Jeg forstår ikke: I don't understand
Jeg har brug for dette: I need this
Jeg har en hund: I have a dog
Jeg kan ikke lide dette: I don't like this
Jeg kan lide dig: I like you
Jeg savner dig: I miss you
Jeg ved det: I know
Jeg ved det ikke: I don't know
jeg vil have dette: I want this
Jeg vil have mere: I want more
jeres hold: your team
jern: iron
jetski: jet ski
jive: jive
job: job
jod: iodine
joggingbukser: sweatpants
jord: soil
Jordan: Jordan
jordbær: strawberry
jordemoder: midwife
jorden: earth
jordens kerne: earth's core
jordens skorpe: earth's crust
jordnød: peanut
jordnøddeolie: peanut oil
jordnøddesmør: peanut butter
jordskælv: earthquake
journalist: journalist
judo: judo
jul: Christmas
juli: July
juni: June
Jupiter: Jupiter
juridisk afdeling: legal department

K

kabel: cable
kaffe: coffee
kaffemaskine: coffee machine

kage: cake
kahyt: cabin
kaktus: cactus
kalender: calendar
kalium: potassium
kalk: chalk
kalksten: limestone
kalkun: turkey
kalkunkød: turkey
kalvekød: veal
kam: comb
kamel: camel
kamera: camera
kameramand: camera operator
kamerastativ: tripod
kamæleon: chameleon
kanal: channel
Kan du hjælpe mig?: Can you help me?
kanel: cinnamon
kanin: rabbit
kano: canoe
kanosejlads: canoeing
kantine: canteen
kapsel: capsule
kaptajn: captain
Kap Verde: Cape Verde
karamel: caramel
karate: karate
kardiologi: cardiology
karikatur: caricature
karrusel: carousel
karry: curry
kartoffel: potato
kartoffelbåde: potato wedges
kartoffelmos: mashed potatoes
kartoffelsalat: potato salad
Kasakhstan: Kazakhstan
kasino: casino
kasket: baseball cap
kasseapparat: cash register
kassedame: cashier
kat: cat
katedral: cathedral
kateter: catheter
kebab: kebab
kedel: kettle
kedelig: boring
kegle: cone
kejsersnit: cesarean
kemi: chemistry
kemiker: chemist
kemisk forbindelse: chemical compound
kemisk reaktion: chemical reaction
kemisk struktur: chemical structure
Kenya: Kenya
keramik: pottery
kerne: pit
ketchup: tomato sauce

keyboard: keyboard
kiks: biscuit
kilogram: kilogram
Kina: China
kind: cheek
kinesisk medicin: Chinese medicine
Kirgisistan: Kyrgyzstan
Kiribati: Kiribati
kirke: church
kirkegård: cemetery
kiropraktor: chiropractor
kirsebær: cherry
kirurg: surgeon
kirurgi: surgery
kiste: coffin
kiwi: kiwi
kjole: dress
kjole størrelse: dress size
klarinet: clarinet
klassisk musik: classical music
klatring: climbing
klaver: piano
klimaanlæg: air conditioner
klinik: clinic
klipklapper: flip-flops
klippe: cliff
klippespring: cliff diving
klips: paperclip
klisterbånd: adhesive tape
klitoris: clitoris
kloakdæksel: manhole cover
klog: clever
klokken et om morgenen: one o'clock in the morning
klokken to om eftermiddagen: two o'clock in the afternoon
klor: chlorine
kløft: canyon
kløver: clover
knap: button
knibtang: pincers
knippel: baton
kniv: knife
knogle: bone
knoglebrud: fracture
knoglemarv: bone marrow
knæ: knee
knæler: praying mantis
knæskal: kneecap
ko: cow
koala: koala
kobber: copper
kobling: clutch
kobolt: cobalt
kofanger: bumper
kogt: boiled
kogt æg: boiled egg
kok: cook
kokosnød: coconut
kold: cold

kollega: colleague
kollegieværelse: dorm room
kolon: colon
koloni: colony
komedie: comedy
komet: comet
komfur: cooker
komma: comma
Kom med mig: Come with me
kommentator: commentator
kompas: compass
koncert: concert
kondisko: trainers
kondom: condom
konduktør: conductor
kone: wife
konkylie: shell
konsulent: consultant
kontaktlinse: contact lens
kontinent: continent
kontonummer: account number
kontor: office
kontrabas: double bass
kontroltårn: control tower
kop: cup
koralrev: coral reef
koriander: coriander
korrekt: correct
korridor: corridor
kort: map
kortbaneløb på skøjter: short track
kortspil: card game
Kosovo: Kosovo
kost: broom
krabbe: crab
kraft: force
krage: crow
krammedyr: cuddly toy
krampe: cramp
kran: crane
kranium: skull
krater: crater
krave: collar
kraveben: collarbone
kreditkort: credit card
kredsløbstræning: circuit training
kridt: chalk
kriminel: criminal
Kroatien: Croatia
krokodille: crocodile
krom: chromium
kronblad: petal
krone: krone
krydsord: crosswords
krydstogtskib: cruise ship
krykke: crutch
krypton: krypton
kræft: cancer

krøllejern: curling iron
krøllet: curly
kube: cube
kubikmeter: cubic meter
kugle: sphere
kuglepen: ball pen
kuglestød: shot put
kul: coal
kunde: customer
kunst: art
kunstgalleri: art gallery
kunstner: artist
kunstskøjteløb: figure skating
kurv: basket
kurve: curve
kurvet: twisting
kusine: cousin
kuvert: envelope
Kuwait: Kuwait
kvadratmeter: square meter
kvalme: nausea
kvarts: quartz
kviksølv: mercury
kvinde: woman
kvælstof: nitrogen
kylling: chick
kyllingekød: chicken
kyllingenugget: chicken nugget
kyllingevinger: chicken wings
kys: kiss
kyst: coast
kål: cabbage
kæbeben: jawbone
kæde: chain
kædesav: chainsaw
kælder: basement
kælkning: luge
kæmpe: huge
kænguru: kangaroo
kæreste: boyfriend
kærestesorg: lovesickness
kærlighed: love
kærnemælk: buttermilk
kø: cue
kød: meat
køjeseng: bunk bed
køkken: kitchen
køleskab: fridge
køn: gender
køreplan: timetable
kørestol: wheelchair

L

laboratorium: laboratory
lacrosse: lacrosse
Lad os gå hjem: Let's go home

lager: warehouse
lak: varnish
lakrids: liquorice
laks: salmon
lama: llama
lammekød: lamb
lampe: lamp
land: country
landingsbane: runway
landmand: farmer
landsby: village
lang: long
langefinger: middle finger
langrend: cross-country skiing
langsom: slow
lanthan: lanthanum
Laos: Laos
larve: caterpillar
lasagne: lasagne
lastbil: lorry
lastbilchauffør: lorry driver
latin: Latin
latinamerikansk dans: Latin dance
lav: shallow
lava: lava
lawrencium: lawrencium
legeplads: playground
legetøjsbutik: toy shop
leggings: leggings
lejlighed: apartment
lektie: homework
lektion: lesson
lemonade: lemonade
lemur: lemur
leopard: leopard
ler: clay
Lesotho: Lesotho
let: easy
Letland: Latvia
lever: liver
Libanon: Lebanon
Liberia: Liberia
Libyen: Libya
Liechtenstein: Liechtenstein
lig: corpse
lige: straight
liggestol: deck chair
lighter: lighter
ligning: equation
likør: liqueur
lilla: purple
lille: short
lillebror: little brother
lillefinger: little finger
lille gris: piglet
lille sort kjole: little black dress
lillesøster: little sister
lilletromme: snare drum

lim: glue
lime: lime
limousine: limousine
lineal: ruler
lingeri: lingerie
lipgloss: lip gloss
Litauen: Lithuania
litchi: lychee
liter: liter
lithium: lithium
litteratur: literature
livermorium: livermorium
livmoder: womb
livredder: lifeguard
livvagt: bodyguard
lobby: lobby
loft: ceiling
loftsrum: attic
lokomotiv: locomotive
lokomotivfører: train driver
lomme: pocket
lommelygte: torch
lommetørklæde: tissue
lotusrod: lotus root
lov: law
lufthavn: airport
luftmadras: air mattress
luftpumpe: air pump
luftrør: windpipe
lufttryk: air pressure
lunge: lung
lutetium: lutetium
Luxembourg: Luxembourg
lydløs: silent
lykkelig: happy
lyn: lightning
lynlås: zipper
lys: light
lyserød: pink
lyskontakt: light switch
lyspære: light bulb
lån: loan
læbe: lip
læbepomade: lip balm
læbestift: lipstick
lædersko: leather shoes
læge: physician
længdegrad: longitude
længdespring: long jump
lærebog: textbook
lærer: teacher
lærk: larch
lærling: apprentice
lærred: screen
læsesal: reading room
løb: running
løbebånd: treadmill
løg: onion

løgring: onion ring
løn: salary
lørdag: Saturday
løve: lion

M

Macao: Macao
Madagaskar: Madagascar
madras: mattress
mager: skinny
magert kød: lean meat
magma: magma
magnesium: magnesium
magnet: magnet
maj: May
majroe: turnip cabbage
majs: corn
majsolie: corn oil
Makedonien: Macedonia
Malawi: Malawi
Malaysia: Malaysia
Maldiverne: Maldives
maleri: painting
malerrulle: inking roller
Mali: Mali
maling: paint
Malta: Malta
manager: manager
mand: man
mandag: Monday
mandarin: Mandarin
mandel: almond
mangan: manganese
mange: many
mango: mango
manicure: manicure
mannequin: mannequin
manuskript: script
mappe: folder
maratonløb: marathon
marguerit: daisy
mariehøne: ladybird
marked: market
markedsføring: marketing
marmelade: jam
Marokko: Morocco
Mars: Mars
Marshalløerne: Marshall Islands
marsvin: guinea pig
martini: martini
marts: March
mascara: mascara
massage: massage
massør: masseur
mast: mast
master: master

matador: Monopoly
matematik: mathematics
Mauretanien: Mauritania
Mauritius: Mauritius
mave: belly
mavebøjninger: sit-ups
mavepine: stomach ache
mavesæk: stomach
mayonnaise: mayonnaise
medalje: medal
medarbejder: employee
meditation: meditation
medlem: member
medlemskab: membership
meget: very
meitnerium: meitnerium
mejetærsker: combine harvester
mekaniker: mechanic
mel: flour
melbolle: dumpling
melis: granulated sugar
mellemgulv: diaphragm
mellemmåltid: snack
mellemrum: space
melodi: melody
men: but
mendelevium: mendelevium
menukort: menu
mere: more
merian: marjoram
Merkur: Mercury
mest: most
metal: metal
metan: methane
meteorit: meteorite
meter: meter
Mexico: Mexico
middag: noon
Middelhavet: Mediterranean Sea
midnat: midnight
midtergang: aisle
migræne: migraine
Mikronesien: Micronesia
mikroovn: microwave
mikroskop: microscope
mil: mile
milkshake: milkshake
milliliter: milliliter
millimeter: millimeter
milt: spleen
mindre: less
min hund: my dog
minibar: minibar
minibus: minibus
minister: minister
minut: minute
minutnudler: instant noodles
mistænkt: suspect

mobilkran: crane truck
mobiltelefon: mobile phone
model: model
moder: mother
moderne femkamp: modern pentathlon
modig: brave
mokka: mocha
Moldova: Moldova
mole: pier
molekyle: molecule
molybdæn: molybdenum
Monaco: Monaco
Mongoliet: Mongolia
monorail: monorail
monsun: monsoon
Montenegro: Montenegro
Montserrat: Montserrat
monument: monument
mor: mum
morfar: grandfather
morgen: morning
morgenmad: breakfast
morgenmadsprodukt: cereal
mormor: grandmother
mose: marsh
moske: mosque
motionscykel: exercise bike
motocross: motocross
motor: engine
motorcykel: motorcycle
motorcykelræs: motorcycle racing
motorhjelm: bonnet
motorrum: engine room
motorvej: motorway
mountainbike: mountain biking
mousserende vin: sparkling wine
Mozambique: Mozambique
mozzarella: mozzarella
MP3 afspiller: MP3 player
MR scanning: magnetic resonance imaging
muffin: muffin
mufti: mufti
multiplikation: multiplication
mund: mouth
mundharmonika: harmonica
munk: monk
mursten: brick
mus: mouse
museum: museum
musiker: musician
muskatnød: nutmeg
muskel: muscle
myg: mosquito
myggebalsam: insect repellent
myldretid: rush hour
mynte: mint
myre: ant
myresluger: ant-eater

måge: seagull
mål: goal
målebånd: tape measure
måne: moon
måned: month
måneformørkelse: lunar eclipse
mælk: milk
mælkebøtte: dandelion
mælkepulver: milk powder
mælkete: milk tea
Mælkevejen: Milky Way
mæslinger: measles
mæt: full
møbelbutik: furniture store
mødelokale: meeting room
møl: moth
mønt: coin
mørk: dark
mørkhåret: brunette
müsli: muesli

N

nabo: neighbour
nachos: nachos
nakke: nape
Namibia: Namibia
nat: night
natbord: night table
nationalpark: national park
natkjole: nightie
natklub: night club
natrium: sodium
Nauru: Nauru
navle: belly button
nederdel: skirt
neglefil: nail file
negleklipper: nail clipper
neglelak: nail polish
neglelakfjerner: nail varnish remover
neglesaks: nail scissors
negligé: negligee
nektar: nectar
neodym: neodymium
neon: neon
Nepal: Nepal
Neptun: Neptune
neptunium: neptunium
nerve: nerve
net: net
netværk: network
neurologi: neurology
neutron: neutron
nevø: nephew
New Zealand: New Zealand
Nicaragua: Nicaragua
niece: niece

Niger: Niger
Nigeria: Nigeria
nikkel: nickel
niobium: niobium
Niue: Niue
nobelium: nobelium
node: note
nonne: nun
nord: north
nordisk kombineret: Nordic combined
Nordkorea: North Korea
nordlige halvkugle: northern hemisphere
nordlys: aurora
Nordpolen: North Pole
Norge: Norway
notat: note
notesbog: notebook
nougat: nougat
november: November
nu: now
nudel: noodle
ny: new
nyhed: news
nyhedsbrev: newsletter
Ny Kaledonien: New Caledonia
nylon: nylon
nyre: kidney
nytår: New Year
nål: needle
nær: close
næse: nose
næseben: nasal bone
næseblod: nosebleed
næsebor: nostril
næsehorn: rhino
næsespray: nasal spray
næste måned: next month
næste uge: next week
næste år: next year
næve: fist
nævner: denominator
nævningeting: jury
nød: nut
nødsituation: emergency
nødudgang: emergency exit
nøgle: key
nøglehul: keyhole
nøglering: key chain

O

obo: oboe
ocean: ocean
odder: otter
og: and
ok: ok
okra: okra

oksekød: beef
oktagon: octagon
oktober: October
olie: oil
oliemaling: oil paint
oliepastel: oil pastel
oliven: olive
olivenolie: olive oil
Oman: Oman
område: territory
ond: evil
ondt i halsen: sore throat
onkel: uncle
onkologi: oncology
onsdag: Wednesday
opal: opal
opera: opera
operationsstue: operating theatre
opslagstavle: bulletin board
opsparing: savings
optiker: optician
opvarmning: warm-up
opvaskemaskine: dishwasher
orange: orange
ordbog: dictionary
oregano: oregano
orgel: organ
origami: origami
orkan: hurricane
orkester: orchestra
ortopædi: orthopaedics
osmium: osmium
ost: cheese
ostekage: cheesecake
over: above
overrasket: surprised
overskrift: heading
overskyet: cloudy
oversvømmelse: flood
overvågningskamera: security camera
ovn: oven

P

P-pille: birth control pill
Pakistan: Pakistan
pakke: package
Palau: Palau
palet: palette
palladium: palladium
palle: pallet
palme: palm tree
Palæstina: Palestine
Panama: Panama
panda: panda
pande: pan
pandekage: pancake

papaja: papaya
papegøje: parrot
papirkurv: recycle bin
paprika: paprika
Papua Ny Guinea: Papua New Guinea
parabol: satellite dish
paragraf: paragraph
Paraguay: Paraguay
parallelogram: rhomboid
paraply: umbrella
parasol: parasol
parfume: perfume
park: park
parkeringsplads: car park
parkometer: parking meter
parmesan: parmesan
paryk: wig
pas: passport
pas på: take care
patient: patient
patologi: pathology
pauke: kettledrum
peber: pepper
pedicure: pedicure
pegefinger: index finger
pekingand: Beijing duck
pelikan: pelican
pen: pen
penalhus: pencil case
penge: money
pengeautomat: cash machine
pengeseddel: note
pengeskab: safe
penis: penis
pensel: brush
pension: retirement
periodisk system: periodic table
perlehalskæde: pearl necklace
perron: platform
persienne: blind
personale: staff
personaleafdeling: human resources
Peru: Peru
petriskål: Petri dish
ph.d.: PhD
picnic: picnic
pige: girl
pilates: Pilates
piletræ: willow
pille: pill
pilot: pilot
pincet: tweezers
pindsvin: hedgehog
pingvin: penguin
pipette: pipette
pisk: whip
pistacie: pistachio
pistol: gun

pizza: pizza
pladespiller: record player
planet: planet
plast: plastic
plaster: plaster
plastikpose: plastic bag
platin: platinum
pludselig: suddenly
Pluto: Pluto
plutonium: plutonium
pokal: cup
poker: poker
pol: pole
Polen: Poland
politi: police
politibil: police car
politik: politics
politiker: politician
politimand: policeman
politistation: police station
polo: polo
polonium: polonium
polo skjorte: polo shirt
polyester: polyester
pomfritter: French fries
pop: pop
popcorn: popcorn
porre: leek
portefølje: portfolio
portræt: portrait
Portugal: Portugal
postbud: postman
postevand: tap water
postkasse: mailbox
postkontor: post office
postkort: postcard
postnummer: zip code
praktikant: intern
praseodym: praseodymium
printer: printer
professor: professor
profit: profit
programmør: programmer
projektor: projector
promenade: promenade
promethium: promethium
proptrækker: corkscrew
prostata: prostate
prostitueret: prostitute
protactinium: protactinium
proton: proton
provins: province
præsentation: presentation
præsident: president
præst: priest
prøverum: changing room
psykiatri: psychiatry
psykoanalyse: psychoanalysis

psykoterapi: psychotherapy
publikum: audience
puck: puck
pudder: face powder
pudderkvast: powder puff
pude: pillow
Puerto Rico: Puerto Rico
puls: pulse
pulsåre: artery
pulver: powder
pund: pound
pung: purse
punk: punk
punktum: full stop
pupil: pupil
purløg: chive
puslespil: puzzle
pyjamas: pyjamas
pyramide: pyramid
påfugl: peacock
påske: Easter
påskelilje: daffodil
pædagog: kindergarten teacher
pædiatri: paediatrics
pære: pear
pølse: sausage

Q

Qatar: Qatar
quickstep: quickstep

R

rabbiner: rabbi
racercykel: racing bicycle
radar: radar
radiator: radiator
radio: radio
radiologi: radiology
radise: radish
radium: radium
radius: radius
radon: radon
rafting: rafting
raket: rocket
rally: rally racing
RAM: random access memory (RAM)
ramadan: Ramadan
ramen: ramen
rangle: rattle
ranunkel: buttercup
rap: rap
rapsolie: rapeseed oil
rat: steering wheel

ravn: raven
receptionist: receptionist
redningsbåd: lifeboat
redningskrans: life buoy
redningsvest: life jacket
reggae: reggae
region: region
regn: rain
regnbue: rainbow
regnfuld: rainy
regning: bill
regnjakke: raincoat
regnskab: accounting
regnskov: rainforest
rejsearrangør: travel agent
reklame: advertisement
rektangel: rectangle
relativitetsteori: theory of relativity
ren: clean
rengøringsassistent: cleaner
rensningsanlæg: sewage plant
rente: interest
reporter: reporter
Republikken Congo: Republic of the Congo
reservation: reservation
respirator: respiratory machine
restaurant: restaurant
resultat: result
retfærdig: fair
ret linje: straight line
ret vinkel: right angle
rhenium: rhenium
rhodium: rhodium
ribben: rib
ridebanespringning: show jumping
rig: rich
ring: ring
ringfinger: ring finger
ris: rice
riskoger: rice cooker
rive: rake
rivejern: grater
robot: robot
robåd: rowing boat
rock: rock
rock 'n' roll: rock 'n' roll
rod: root
rom: rum
roman: novel
rombe: rhombus
roning: rowing
roomservice: room service
rose: rose
rosenkål: Brussels sprouts
rosin: raisin
rosmarin: rosemary
rotte: rat
router: router

rubidium: rubidium
rubin: ruby
rugby: rugby
ruin: ruin
rulleskøjteløb: roller skating
rumba: rumba
rumdragt: space suit
rumskib: space shuttle
rumstation: space station
Rumænien: Romania
rund: round
rundkørsel: roundabout
Rusland: Russia
ruthenium: ruthenium
rutherfordium: rutherfordium
rutsjebane: roller coaster
Rwanda: Rwanda
ryg: back
ryghvirvel: vertebra
rygmarv: spinal cord
rygrad: spine
rygsæk: backpack
rynke: wrinkle
rytmisk gymnastik: rhythmic gymnastics
rå: raw
rådhus: town hall
række: row
ræv: fox
rød: red
rødhåret: ginger
rød panda: red panda
rød peber: pepper
rødvin: red wine
røgalarm: smoke detector
røntgenbillede: X-ray photograph
røntgenium: roentgenium
røræg: scrambled eggs

S

sadel: saddle
safir: sapphire
saftig: juicy
Sahara: Sahara
Saint Kitts og Nevis: Saint Kitts and Nevis
Saint Lucia: Saint Lucia
Saint Vincent og Grenadinerne: Saint Vincent and the Grenadines
sake: sake
saks: scissors
salami: salami
salat: salad
salg: sales
Salomonøerne: Solomon Islands
salsa: salsa
salt: salt
samarium: samarium
samba: samba

sammen: together
Samoa: Samoa
sand: sand
sandaler: sandals
sandkasse: sandbox
sandwich: sandwich
sanger: singer
sangtekst: lyrics
San Marino: San Marino
Sao Tome og Principe: São Tomé and Príncipe
sardin: sardine
satellit: satellite
Saturn: Saturn
Saudi Arabien: Saudi Arabia
sauna: sauna
sav: saw
saxofon: saxophone
scandium: scandium
scanner: scanner
scene: stage
Schweiz: Switzerland
science fiction: science fiction
scooter: motor scooter
scrollbar: scrollbar
seaborgium: seaborgium
sejl: sail
sejlads: sailing
sejlbåd: sailing boat
sekretær: secretary
sekskant: hexagon
sekund: second
selen: selenium
selleri: celery
selvfølgelig: of course
selvom: although
semester: term
semikolon: semicolon
sene: tendon
Senegal: Senegal
seng: bed
sengelampe: bedside lamp
sennep: mustard
september: September
Serbien: Serbia
server: server
sex: sex
sexet: sexy
Seychellerne: Seychelles
shampoo: shampoo
shorts: shorts
sidedør: side door
sidespejl: wing mirror
sidste måned: last month
sidste uge: last week
sidste år: last year
Sierra Leone: Sierra Leone
signal: signal
sikker: safe

sikkerhedsbriller: safety glasses
sikkerhedssele: seatbelt
sikkerhedsvagt: security guard
silicium: silicon
silke: silk
Singapore: Singapore
sirene: siren
siv: reed
sjov: funny
skab: cupboard
skade: injury
skadestue: emergency room
skak: chess
skaldet: bald head
skalpel: scalpel
skat: tax
skateboarding: skateboarding
ske: spoon
skelet: skeleton
skeleton: skeleton
ski: ski
skib: ship
skidragt: ski suit
skihop: ski jumping
skildpadde: tortoise
skilsmisse: divorce
skiløb: skiing
skinke: ham
skintonic: facial toner
skiskydning: biathlon
skisportssted: ski resort
skistav: ski pole
skjorte: shirt
skoldkopper: chickenpox
skole: school
skolebord: desk
skolebus: school bus
skolegård: schoolyard
skoletaske: schoolbag
skoleuniform: school uniform
skorpion: scorpion
skorsten: chimney
skoskab: shoe cabinet
skov: forest
skovl: shovel
skraber: razor
skraldespand: garbage bin
skrivebord: desk
skruenøgle: screw wrench
skruetrækker: screwdriver
skråning: slope
skrædder: tailor
skræl: peel
skuespiller: actor
skuffe: drawer
skulder: shoulder
skulderblad: shoulder blade
skumfidus: marshmallow

skur: shed
sky: cloud
skydning: shooting
skyldig: guilty
skyskraber: skyscraper
skål: cheers
skæg: beard
skæl: dandruff
skærebræt: chopping board
skærm: screen
skøjtebane: ice rink
skøjteløb: ice skating
skøjter: skates
skør: crazy
slagter: butcher
slagtilfælde: stroke
slange: snake
slank: slim
slap af: relax
slev: ladle
slik: candy
slips: tie
slot: castle
Slovakiet: Slovakia
Slovenien: Slovenia
slæde: sledge
smal: narrow
smartphone: smartphone
smertestillende medicin: painkiller
smilehul: dimple
smoothie: smoothie
smuk: beautiful
småkage: cookie
smør: butter
sne: snow
snegl: snail
snescooter: snowmobile
snooker: snooker
snookerbord: snooker table
snowboarding: snowboarding
snørebånd: lace
sociale medier: social media
sofa: sofa
sofabord: coffee table
soja: soy
sojamælk: soy milk
sok: sock
sol: sun
solbriller: sunglasses
solbær: currant
solcreme: sunscreen
soldat: soldier
solformørkelse: solar eclipse
solhat: sun hat
solpanel: solar panel
solrig: sunny
solsikke: sunflower
solsikkeolie: sunflower oil

solskin: sunshine
solskoldning: sunburn
Somalia: Somalia
sommer: summer
sommerfugl: butterfly
sort: black
Sortehavet: Black Sea
sort hul: black hole
sort te: black tea
souvenir: souvenir
sovemaske: sleeping mask
sovepille: sleeping pill
sovepose: sleeping bag
soveværelse: bedroom
spaghetti: spaghetti
spand: bucket
Spanien: Spain
spansk: Spanish
spatel: putty
speedometer: speedometer
spejl: mirror
sperma: sperm
spinat: spinach
spisepind: chopstick
spiserør: oesophagus
sports bh: jogging bra
sportsbutik: sports shop
sportsplads: sports ground
sporvogn: tram
spray: spray
springvand: fountain
sprint: sprint
sprøjte: syringe
spyd: skewer
spydkast: javelin throw
spædbarn: infant
spækhugger: killer whale
spørgsmålstegn: question mark
squat: squat
Sri Lanka: Sri Lanka
stamme: trunk
standard dans: Ballroom dance
stangspring: pole vault
stat: state
statsminister: prime minister
stearinlys: candle
steddatter: stepdaughter
stedfar: stepfather
stedmor: stepmother
stedsøn: stepson
stegte nudler: fried noodles
stegte ris: fried rice
stegt kylling: roast chicken
stegt pølse: fried sausage
stegt svinekød: roast pork
stejl: steep
sten: rock
stetoskop: stethoscope

stewardesse: stewardess
stige: ladder
stik: plug
stikkontakt: power outlet
stilk: stalk
stillads: scaffolding
stille: quiet
Stillehavet: Pacific Ocean
stipendium: scholarship
stjerne: star
stof: fabric
stol: chair
stolt: proud
stopur: stopwatch
stor: big
Storbritannien: United Kingdom
storby: metropolis
storebror: big brother
storesøster: big sister
stork: stork
storm: storm
straks: immediately
strand: beach
street food: street food
stregkode: bar code
stregkodescanner: bar code scanner
streng: strict
stress: stress
strikket hue: knit cap
strontium: strontium
struds: ostrich
strygebræt: ironing table
strygejern: electric iron
strøm: power
strømpe: stocking
strømpebukser: pantyhose
studievært: anchor
stue: living room
stueetage: ground floor
stueplante: houseplant
stum: mute
stål: steel
stålbjælke: steel beam
stærk: hot
støddæmper: shock absorber
støvsuger: vacuum cleaner
subtraktion: subtraction
Sudan: Sudan
sudoku: Sudoku
sukker: sugar
sukkerroe: sugar beet
sukkerrør: sugar cane
sukkersyge: diabetes
sulten: hungry
sund: healthy
supermarked: supermarket
suppe: soup
sur: sour

surfbræt: surfboard
surfing: surfing
surikat: meerkat
Surinam: Suriname
sushi: sushi
sut: soother
sutteflaske: baby bottle
sutur: suture
svag: weak
svamp: sponge
svane: swan
svedbånd: sweatband
Sverige: Sweden
svigerdatter: daughter-in-law
svigerfar: father-in-law
svigerforældre: parents-in-law
svigerinde: sister-in-law
svigermor: mother-in-law
svigersøn: son-in-law
svinekød: pork
svoger: brother-in-law
svovl: sulphur
svævebane: cable car
svævefly: glider
svømmebassin: swimming pool
svømmebriller: swim goggles
svømmefod: fin
svømmehal: swimming pool
svømmehætte: swim cap
svømning: swimming
Swaziland: Swaziland
sweater: sweater
syd: south
Sydafrika: South Africa
Sydkorea: South Korea
sydlige halvkugle: southern hemisphere
Sydpolen: South Pole
Sydsudan: South Sudan
syg: sick
sygeplejerske: nurse
symaskine: sewing machine
symfoni: symphony
synagoge: synagogue
synkronsvømning: synchronized swimming
Syrien: Syria
så: then
sål: sole
sår: wound
sæbe: soap
sæde: seat
sæl: seal
sær: strange
sø: lake
sød: cute
sød kartoffel: sweet potato
søhest: sea horse
sølv: silver
sølvmedalje: silver medal

søløve: sea lion
søm: nail
søn: son
søndag: Sunday
søskende: siblings
søstjerne: starfish

T

T-shirt: T-shirt
tab: loss
taburet: stool
Tadsjikistan: Tajikistan
taekwondo: taekwondo
tag: roof
tagsten: roof tile
Taiwan: Taiwan
tak: thank you
talebesked: voice message
talje: waist
tallerken: plate
tamburin: tambourine
tampon: tampon
tand: tooth
tandbeskytter: mouthguard
tandbøjle: dental brace
tandbørste: toothbrush
tandem: tandem
tandfyldning: dental filling
tandlæge: dentist
tandpasta: toothpaste
tandpine: toothache
tandprotese: dental prostheses
tang: seaweed
tangent: tangent
tango: tango
tank: tank
tankstation: petrol station
tantal: tantalum
tante: aunt
Tanzania: Tanzania
tapir: tapir
tarantel: tarantula
tarm: intestine
taske: bag
tastatur: keyboard
tatovering: tattoo
tavle: blackboard
taxa: taxi
taxachauffør: taxi driver
Tchad: Chad
te: tea
teater: theatre
teaterstykke: play
technetium: technetium
tegn: character
tegnebog: wallet

tegneserie: comic book
tegning: drawing
tekst: text
tekstbesked: text message
telefon: telephone
telefonnummer: telephone number
teleskop: telescope
tellur: tellurium
telt: tent
temapark: theme park
tempel: temple
temperatur: temperature
tennis: tennis
tennisbane: tennis court
tennisbold: tennis ball
tennisketsjer: tennis racket
tepotte: teapot
tequila: tequila
terbium: terbium
termit: termite
termokande: thermos jug
termoundertøj: thermal underwear
terrasse: terrace
testamente: testament
testikel: testicle
tetris: Tetris
Thailand: Thailand
thallium: thallium
thanksgiving: Thanksgiving
thorium: thorium
thriller: thriller
thulium: thulium
tiger: tiger
tilbehør: side dish
tilfælde: case
tiltalte: defendant
time: hour
timian: thyme
tin: tin
tinding: temple
tirsdag: Tuesday
tit: often
titan: titanium
tivoli: fairground
Tjekkiet: Czech Republic
tjener: waiter
tjære: tar
tobak: tobacco
tofu: tofu
tog: train
Togo: Togo
togspor: railtrack
togstation: train station
toilet: toilet
toiletbørste: toilet brush
toiletpapir: toilet paper
told: customs
tolvfingertarm: duodenum

tom: empty
tomat: tomato
tomme: inch
tommelfinger: thumb
ton: ton
Tonga: Tonga
torden: thunder
tordenvejr: thunderstorm
tornado: tornado
torsdag: Thursday
torv: square
trafiklys: traffic light
trafikprop: traffic jam
tragt: funnel
traktor: tractor
trampolin: trampoline
tranebær: cranberry
trapez: trapezoid
trappe: stairs
travl: busy
tredje: third
trekant: triangle
tre kvarter: three quarters of an hour
trespring: triple jump
triangel: triangle
triatlon: triathlon
trillebør: wheelbarrow
trillinger: triplets
Trinidad og Tobago: Trinidad and Tobago
trist: sad
trommesæt: drums
trompet: trumpet
troperne: tropics
trusse: panties
trusseindlæg: panty liner
træ: tree
træarbejde: woodwork
træbjælke: wooden beam
træhytte: tree house
træner: coach
træningsdragt: tracksuit
træske: wooden spoon
træt: tired
trøffel: truffle
tuba: tuba
tulipan: tulip
Tunesien: Tunisia
tunfisk: tuna
tung: heavy
tunge: tongue
tur guide: tour guide
turistattraktion: tourist attraction
turistguide: tourist guide
turistinformation: tourist information
Turkmenistan: Turkmenistan
Tuvalu: Tuvalu
tvillinger: twins
TV serie: TV series

tværfløjte: flute
tyfon: typhoon
tyggegummi: chewing gum
tyk: plump
tyktarm: colon
tyndtarm: small intestine
tyngdekraft: gravity
tyr: bull
Tyrkiet: Turkey
tysk: German
Tyskland: Germany
tyv: thief
tå: toe
tåge: fog
tåget: foggy
tæller: numerator
tændstik: match
tæppe: blanket
tærte: pie
tøjklemme: peg
tømrer: carpenter
tør: dry
tørret frugt: dried fruit
tørstig: thirsty

U

ubåd: submarine
udbytte: dividend
ude: outside
udlejer: landlord
udløbsdato: expiry date
udråbstegn: exclamation mark
udslæt: rash
udspring: diving
udstrækning: stretching
udstødningsrør: exhaust pipe
ufrivillig abort: miscarriage
Uganda: Uganda
uge: week
ugle: owl
Ukraine: Ukraine
ukrudt: weed
ukulele: ukulele
uld: wool
ultralydsmaskine: ultrasound machine
ulv: wolf
ulykke: accident
under: below
underbukser: underpants
undergrundsbane: subway
underskrift: signature
understregning: underscore
undertrøje: undershirt
undskyld: sorry
undskyld mig: excuse me
ung: young

Ungarn: Hungary
uniform: uniform
universitet: university
unse: ounce
ur: clock
uran: uranium
Uranus: Uranus
uretfærdig: unfair
urne: urn
urologi: urology
Uruguay: Uruguay
Usbekistan: Uzbekistan
USB stik: USB stick

V

vaffel: waffle
vagina: vagina
valdhorn: French horn
valnød: walnut
vals: waltz
vanadium: vanadium
vand: water
vandfald: waterfall
vandflaske: water bottle
vandhane: tap
vandkande: water can
vandkraftværk: hydroelectric power station
vandland: water park
vandløb: stream
vandmand: jellyfish
vandmelon: water melon
vandpolo: water polo
vandrehjem: hostel
vandrestøvler: hiking boots
vandreture: hiking
vandrutsjebane: water slide
vandski: waterskiing
vandslange: hose
vanilje: vanilla
vaniljesukker: vanilla sugar
vanskelig: difficult
Vanuatu: Vanuatu
varm: warm
varm chokolade: hot chocolate
varmeanlæg: heating
varmedunk: hot-water bottle
varmluftsballon: hot-air balloon
vase: vase
vask: sink
vaskebjørn: raccoon
vaskemaskine: washing machine
vaskepulver: washing powder
vasketøj: laundry
vasketøjskurv: laundry basket
vaterpas: spirit level
Vatikanstaten: Vatican City

ved siden af: beside
vej: road
vejafgift: toll
vejbro: overpass
vejkryds: intersection
vejtromle: road roller
vektor: vector
velkommen: welcome
velopdragen: well-behaved
ven: friend
vene: vein
Venezuela: Venezuela
venlig: friendly
venstre: left
venteværelse: waiting room
ventilator: fan
Venus: Venus
verdensrekord: world record
vest: west
veteranbil: classic car
vi: we
videnskab: science
videnskabsmand: scientist
videokamera: camcorder
vidne: witness
vielsesring: wedding ring
Vietnam: Vietnam
vildtkød: game
vin: wine
vind: wind
vindmøllepark: wind farm
vindrue: grape
vindue: window
vinduesvisker: windscreen wiper
vinge: wing
vingummi: fruit gum
vinkel: angle
vinter: winter
viola: viola
violin: violin
virkelig: really
virus: virus
vi ses senere: see you later
visitkort: business card
viskelæder: rubber
visum: visa
vitamin: vitamin
vittighed: joke
vodka: vodka
volleyball: volleyball
volt: volt
volumen: volume
vores hjem: our home
vred: angry
vuggestue: nursery
vulkan: volcano
våd: wet
våddragt: wetsuit

væg: wall
vægtløftning: weightlifting
vægtstang: barbell
vækkeur: alarm clock
værelsesnummer: room number
værelsesnøgle: room key
vært: host
vær venlig: please
væske: fluid

W

walkie talkie: walkie-talkie
watt: watt
webadresse: url
webcam: webcam
webside: website
western: western film
whisky: whiskey
wienervals: Viennese waltz
windsurfing: windsurfing
wire: wire
wolfram: tungsten

X

xenon: xenon
xylofon: xylophone

Y

yacht: yacht
yard: yard
Yemen: Yemen
yen: yen
yoga: yoga
yoghurt: yoghurt
ytterbium: ytterbium
yttrium: yttrium
yuan: yuan

Z

Zambia: Zambia
zebra: zebra
Zimbabwe: Zimbabwe
zink: zinc
zirconium: zirconium
zoo: zoo

Ækvatorialguinea: Equatorial Guinea
Østrig: Austria
Østtimor: East Timor
år: year
århundrede: century
årti: decade
årtusinde: millennium
æble: apple
æblejuice: apple juice
æbletærte: apple pie
ædru: sober
æg: egg
ægcelle: ovum
æggeblomme: yolk
æggehvide: egg white
æggeleder: oviduct
æggestok: ovary
ækvator: equator
ærme: sleeve
ært: pea
æsel: donkey
ø: island
øgle: lizard
øje: eye
øjenbryn: eyebrow
øjenbrynsblyant: eyebrow pencil
øjenskygge: eye shadow
øjenvipper: eyelashes
økonomi: economics
økonomiklasse: economy class
økse: axe
øl: beer
øre: ear
øreprop: earplug
ørering: earring
ørken: desert
ørn: eagle
øst: east

Printed by Amazon Italia Logistica S.r.l.
Torrazza Piemonte (TO), Italy